지구와 미래를 위협하는
우주 쓰레기 이야기

**지구와 미래를 위협하는
우주 쓰레기 이야기**

초판 1쇄 발행 2021년 3월 10일
초판 5쇄 발행 2025년 7월 5일

지은이 김상현
그린이 박선하
펴낸이 이지은 **펴낸곳** 팜파스
기획편집 박선희
디자인 조성미 **마케팅** 김서희, 김민경

출판등록 2002년 12월 30일 제 10-2536호
주소 서울특별시 마포구 어울마당로5길 18 팜파스빌딩 2층
대표전화 02-335-3681 **팩스** 02-335-3743
홈페이지 www.pampasbook.com | blog.naver.com/pampasbook
이메일 pampas@pampasbook.com

값 12,000원
ISBN 979-11-7026-395-1 (73550)

ⓒ 2021. 김상현

· 이 책의 일부 내용을 인용하거나 발췌하려면 반드시 저작권자의 동의를 얻어야 합니다.
· 잘못된 책은 바꿔 드립니다.

지구와 미래를 위협하는
우주 쓰레기 이야기

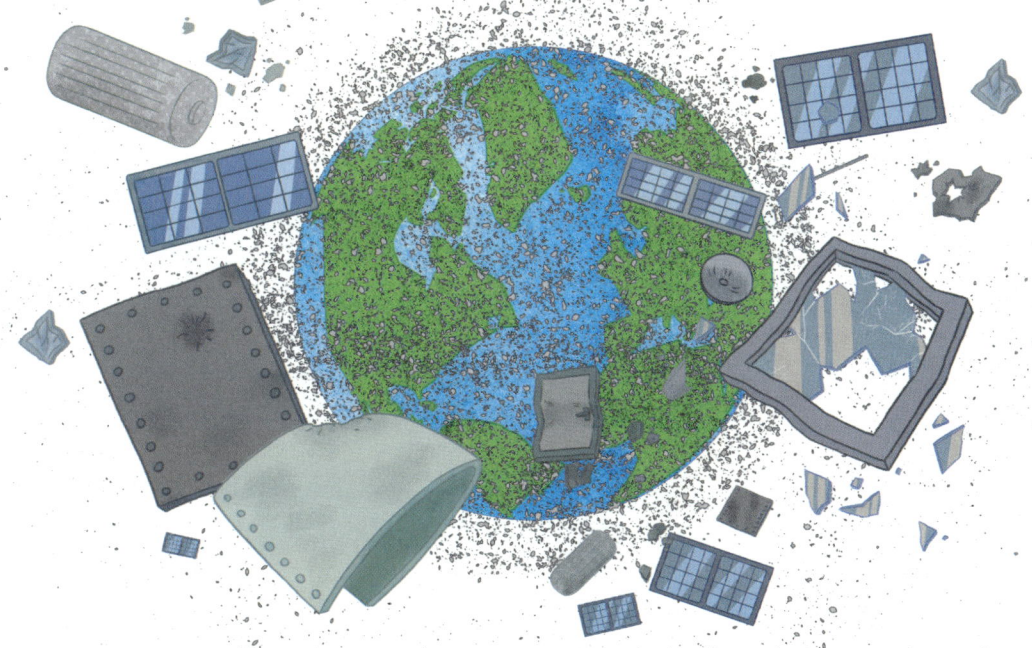

김상현 글 | 박선하 그림

팜파스

어린이 친구들에게

　우리 몸속에 나쁜 물질이 쌓이면 어떤 일이 생겨날까요? 바로 병이 생긴답니다. 병이 생기면 약을 먹거나 수술을 해서 그 나쁜 물질을 몸 밖으로 꺼내야 건강해집니다. 나쁜 건 몸 밖으로 빼내고 몸에 좋은 걸 안으로 자꾸 집어넣어야 건강을 유지할 수 있지요.

　우리가 살아가는 행성, 지구도 마찬가지랍니다. 우리 지구는 지금 인간이 만들어 놓은 여러 가지 쓰레기 때문에 무척 아픈 상태예요. 그런 징후들은 여러 군데에서 나타나고 있어요. 지구 온난화로 인해서 기후가 급변하고, 바다에는 물고기보다 플라스틱이 더 많아져 갑니다. 지구가 아프게 되면 그 안에서 살아가는 우리도 안전하지 못해요. 또한 우리의 후손 또한 안전하게 살아갈 수 없게 되지요.

　그러므로 우리에게는 이제 지구를 더 이상 아프게 하지 않아야 하는 책임이 있어요. 오랫동안 지구에서 살아왔기 때문에 지구에 고마워하며 더 건강하게 오래 존재할 수 있도록 노력해야 한답니다.

 또한 최근 들어 인류가 지구 밖으로 나가는 것에 대한 관심이 늘고 있어요. 바로 우리가 직접 지구 밖 우주로 나아가는 것이지요. 우주에 관한 기술이 점점 발달한다면 우리가 사는 지구 외의 다른 행성에서 우리가 살아갈 거처를 마련할 수도 있겠지요. 선진국들이 우주 개발에 적극적으로 나서는 이유 중 하나입니다.

 그런데 이러한 우주 개발에는 필연적으로 생겨나는 것들이 있어요. 바로 우주 쓰레기예요. 우주 쓰레기라니 참 생소한 말이지요? 우주 쓰레기는 말 그대로 우리 인간이 우주에 버려 놓은 쓰레기입니다. 그런데 이 우주 쓰레기 문제가 점점 심각해지고 있어요. 이대로 둔다면 지구 내 쓰레기 문제처럼 아주 심각해질지도 몰라요.

 우주는 끝을 알 수 없을 정도로 넓고 광활한데 쓰레기 좀 버린다고 뭐가 문제일까? 하고 궁금할 수도 있어요. 하지만 우리가 생각하는 것보다 훨씬 많은 문제가 우주 쓰레기 때문에 생겨날 수 있답니다. 그리고 그 결과가 어쩌면 지구에 살고 있는 우리에게 위험으로 돌아올 수도 있고요.

그러므로 우리는 지구 내 쓰레기 문제를 해결하는 것만큼이나 우주 쓰레기 문제에 대해 많은 관심을 가져야 해요. 여러분이 이 책을 읽으면서 우주 쓰레기가 얼마만큼 무섭고 위험한 존재가 될 수 있는지 알게 되고, 또 어떻게 슬기롭게 해결해야 할지 고민해 보는 기회가 됐으면 좋겠어요.

이 책은 한 가족이 외계인을 만나는 이야기를 그렸습니다. 땅에서 하늘을 바라보는 것보다 우주에서 지구를 바라보는 것이 우주 쓰레기에 대해 더 잘 알 수 있겠다는 생각에서 출발했지요. 책 속 몇 가지 내용은 허구입니다. 혹여나 헷갈리지 않도록 동화 뒤에 정보를 상세히 정리했으니 재미있는 이야기와 함께 꼭 읽어 보길 바라요.

끝으로 이 책이 나올 수 있도록 도와주신 한국천문연구원의 정해임

팀장님, 최은정 박사님과 책을 쓴다고 시간을 많이 뺏겼음에도 너그럽게 이해해 준 시사저널 세종취재본부 이종수 본부장님, 과학 영상 분야의 세계 최고 전문가 미디어큐빗의 고재웅 대표께 진심으로 감사드립니다. 학생들에게 우주 과학에 대해 쉽게 알 수 있도록 홈페이지를 만들어 주신 한국항공우주연구원에도 감사드립니다. 덕분에 알찬 정보를 많이 참고할 수 있었습니다. 그리고 항상 약속을 지키지 못하는 작가를 기다리느라 맘고생이 심하신 박선희 팀장님께도 죄송함과 감사함을 함께 전합니다.

　아들의 책을 누구보다 좋아하셨을 하늘나라에 계신 어머님께 이 책을 바칩니다. 하늘나라가 있다면 언젠가 과학이 발달해서 어머니를 다시 만날 수 있으면 정말 좋겠어요.

김상현

차례

어린이 친구들에게 • 4

이야기 하나

우리는 언제부터 우주로 나갔을까? 12

우주는 어떤 곳일까요?
우리는 왜 우주로 나가려고 할까요? • 34

미지의 세계, 우주! 너 어떻게 생겼니? • 35

우주는 무엇으로 구성되어 있을까? • 37

해와 달, 별로만 알 수 있었던 우주 • 39

우주 개발 경쟁의 시대가 열리다 • 41

너도나도 우주 개발에 참여하게 되다 • 45

우주 개발은 어디까지 왔을까? • 47

우리나라에도 우주를 보며 꿈꾸었던 위인들이 있었어! • 51

대체 우주 쓰레기가 뭐야?

56

**드넓은 우주에 별이 아니라 쓰레기가?
우주 쓰레기는 무엇일까요?** • 70

우주 쓰레기는 무엇일까? • 71

우주에 있는 쓰레기가 왜 문제일까? • 72

지구를 위협하는 우주 쓰레기! • 75

뉴턴의 운동 법칙이 왜? • 78

이야기 셋
우주 쓰레기의 위협이 시작됐다! · 82

우주 쓰레기가 우리에게 어떤 피해를 끼칠까? • 96

우주 쓰레기 충돌 연쇄 반응? 케슬러 증후군 • 97

우리는 우주 쓰레기로 인해 어떤 피해를 입었을까? • 99

우주 쓰레기의 습격이 시작되다 • 100

우주에서도 교통사고가 일어난다고? • 102

지상에도 위협적인 우주 쓰레기 • 104

고의로 만드는 우주 쓰레기도 있다고? • 104

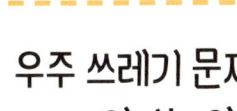

우주 쓰레기 문제를 해결해야만 열리는 안전한 미래

106

**기발한 청소 작전이 시작되다!
우주 쓰레기를 어떻게 치울까?** • 122

우주 쓰레기 청소는 내게 맡겨! 클린스페이스원 • 123

쓰레기를 낚는 우주 그물과 작살이 있다고? 리무브데브리스 • 124

우주 레이저로 쓰레기를 처리한다? 레이저 대포 • 126

지구 밖에 인류의 새로운 보금자리를 만들다 테라포밍 • 127

이야기 하나
우리는 언제부터 우주로 나갔을까?

"떠나요, 둘이서, 모든 것 훌훌 버리고."

수진이는 오랜만에 떠나는 가족 여행에 한껏 신이 났어. 얼마나 흥이 났는지 자동차에서 흘러나오는 노래를 저도 모르게 따라 불렀어. 노래는 제주도 여행을 이야기하고 있었지만 수진이네 가족이 가는 곳은 강원도야. 창밖 풍경이 초록빛으로 펼쳐져 있었지.

얼마나 지났을까? 바깥 풍경이 붉게 물들더니 곧바로 어둑해졌어. 그리고 하늘이 깜깜해졌어. 강원도라고만 들었지 여행지가 어딘지는 정확하게 몰랐던 수진이는 의아해졌어. 수진이는 옆에 앉아 쿨쿨 자고 있는 수인 오빠를 흔들어 깨웠어.

"오빠, 오빠. 일어나 봐."

"어~ 왜~ 도착했어?"

"아니, 우리 지금 어디로 가는 거야?"

"아~, 뭐야. 그것 때문에 깨운 거야? 야, 갑자기 그걸 왜 물어봐. 하암."

오빠는 잔뜩 귀찮은 얼굴로 하품을 했어. 수진이는 입을 쭉 내밀었어. 수인 오빠는 올해 중학교 1학년이 되면서 툭하면 수진이 말을 귀찮아해. 엄마는 오빠가 한창 질풍노도의 시기를 달리는 사춘기라고 했어. 예전에는 오빠가 참 잘 대해 줬는데……. 수진이는 갑자기 다정했던 오빠가 그리워졌어.

'쳇, 모르면 말지, 왜 짜증이야.'

아빠는 아직도 운전을 하느라 여념이 없었어. 그때 조수석에 앉은 엄마가 수진이를 돌아보며 말했어.

"수진아. 안 잤어? 이제 곧 도착할 거야. 우리가 가는 곳은 엄마, 아빠한테 아주 중요한 곳이야."

어? 엄마, 아빠에게 중요한 곳이라고? 수진이는 한껏 궁금해진 눈으로 엄마를 보았어. 엄마는 더 이상 알려 주지 않고 미소만 지으셨어.

'엄마, 아빠한테 중요한 곳이면 어디지?'

저녁이 깊어 까매진 창밖을 보며 수진이는 점점 궁금증을 키워 갔어.

차는 산 위로 덜커덩덜커덩 흔들리며 올라갔어. 그렇게 한참을 달리니까 드디어 산꼭대기쯤에 다다랐어. 그런데 산꼭대기에 이상하게 생긴 건물이 보이는 거야. 건물 지붕이 둥그렇게 되어 있었는데 그 위로 별이 엄청나게 많이 떠 있었어. 수진이는 에어컨을 끄고 창을 내렸어. 공기가 맑고 바람이 시원해서 몸속까지 깨끗해지는 느낌이야.

"다 왔다."

아빠가 차를 세우고는 뒷좌석에 앉은 수진이와 수인이를 보고 말했어. 어쩐지 아빠와 엄마의 얼굴이 들떠 보였어. 엄마는 수진이 손을 잡고 건물로 다가갔어.

"여기는 은하수를 볼 수 있는 화천 조경철 천문대야."

'아~ 여기가 천문대구나.'

수진이는 입을 헤벌리며 눈앞의 건물을 올려다봤어. 천문대가 무엇을 하는 곳인지 잘 알고 있어. 바로 별을 관찰하는 곳이지. 수진이는 직접 천문대에 가 본 적도 있어. 수진이의 아빠가 한국천문연구원에 다니고 계셔서 수진이도 소백산천문대에 가 봤거든. 그런데 이렇게 멋진 곳은 처음이야. 수진이가 사는 세종시에서는 은하수는커녕 별도 많이 볼 수 없었어. 그런데 여기서는 실제로 은하수를 볼 수 있다니.

'저 하늘에 보이는 띠처럼 생긴 게 은하수일까?'

수진이는 하늘 위에 뜬 별들이 너무 예쁘고 신기했어. 그리고 갑자기 떠올랐어. 아까 엄마가 한 말이 말이야.

'여기가 엄마, 아빠한테 중요한 곳이라고?'

수진이가 돌아보니 수인이 오빠가 계속 하품을 하면서 아빠를 따라가고 있었어. 오빠도 하늘을 올려다보면 잠이 확 깰 만큼 좋을 텐데. 사춘기는 참 힘든가 봐.

수진이네 가족은 관측 실습장이라는 곳으로 올라갔어. 그곳에는 아주 큰 천체 망원경이 여러 개 있었어. 아빠가 수진이 손을 잡아 망원경 앞으로 데려갔어.

"수진아. 이 안을 잘 보렴."

아빠가 접안렌즈라고 설명해 준 곳을 들여다봤어. 그 안에는 정말 예쁘고 동그란 별이 있었어. 아빠는 그게 달이라고 알려 줬어. 사진으로만 보던 달을 직접 보니 훨씬 예뻤어.

"여기는 아빠가 엄마한테 프러포즈를 한 곳이야."

엄마의 말에 수진이는 망원경에서 눈을 떼고 냉큼 엄마를 보았어.

수인이 오빠도 하품을 멈추었어. 엄마는 쑥스러운지 웃으며 하늘을 올려다보았어. 아빠도 흐뭇하게 웃으며 하늘을 보았어.

"바로 이곳이, 그리고 저 별들이 우리 가족을 이 세상에 만들어 준 셈이지."

수인이와 수진이는 동시에 서로를 쳐다보며 눈빛을 주고받았어. 둘 다 아빠의 말에 손발이 오그라드는 것 같았어. 하지만 아빠, 엄마는 엄청나게 행복한 표정을 짓고 있었지.

엄마랑 아빠는 관측 실습장 한쪽에 앉았어. 그리고 나서 수진이와 수인이를 무릎에 눕히고는 이야기를 들려줬어. 별을 좋아했던 아빠가 별을 닮은 엄마의 눈에 반했다는 이야기, 그리고 가장 멋진 고백을 하기 위해서 은하수가 보이는 이곳을 찾아왔다는 이야기까지. 아빠와 엄마의 옛날이야기를 술술 늘어놓았지.

까만 밤하늘에 펼쳐진 반짝이는 별의 바다를 보며 이야기를 들어서였을까? 평소였으면 닭살이 돋는다며 핀잔을 주었을 텐데 남매는 가만히 그 이야기에 귀를 기울였어. 수진이는 아빠의 무릎을 베고 밤하늘의 별들을 올려다보았어. 별들의 바다 가운데 등대처럼 달이 떠 있었지. 문득 수진이는 아빠, 엄마와 저 달까지 여행을 가면 좋겠다고 생각했어.

'아 참, 수수도 데리고 가야지.'

수수는 수진이가 키우는 강아지야. 문득 아까 귀찮다며 짜증 낸 수인 오빠의 얼굴이 떠올랐어. 수진이는 잠시 오빠는 집에 두고 갈까 고민했지만, 그래도 집에 수인 오빠가 혼자 있을 걸 생각하면 좀 안쓰러울 것 같았어. 그래서 온 식구가 달나라로 놀러 갈 수 있도록 해 달라고 기도했어. 아빠의 이야기를 들으며 수진이는 살포시 눈을 감았어.

"수진아. 일어나, 일어나 봐."

"으응?"

수진이를 깨우는 수인이 오빠의 목소리가 어딘지 다급하게 들렸어. 수진이는 졸음이 가득한 눈을 간신히 떴어. 오빠가 왜 깨우는 걸까? 수진이는 잠이 덜 깬 상태로 몸을 일으켰어.

"왈! 왈!"

'뭐야, 수수잖아? 누가 왔나? 왜 이렇게 짖지?'

수진이는 수수가 짖는 소리에 기지개를 켜다가 화들짝 놀랐어. 그 순간 떠오르는 기억이 있었기 때문이지.

'수수? 수수가 왜 여기 있지? 우리는 천문대에 왔고, 수수는 집에

있잖아?'

 맞아. 수진이는 엄마, 아빠, 오빠랑 강원도를 여행하던 중이었어. 강아지 수수는 옆집 연수네 집에 맡겨 두고 왔어. 그런데 수수가 짖는 소리가 들리다니, 말이 안 되잖아. 그리고 아까는 분명 별이 가득한 밤이었는데 왜 이렇게 환하지?

 수진이는 눈을 비비면서 수수의 짖는 소리를 쫓아 고개를 돌렸어. 그곳을 봤더니 우주복을 입은 수수가 둥둥 떠 있었어. 수진이의 눈이 더할 나위 없이 휘둥그레졌지. 꿈속인가 싶어 수진이는 눈을 비비려고 했어.

 어? 그런데 눈을 비벼야지 하고 움직였는데 눈이 비벼지지 않았어. 왜냐고? 무슨 안전모 같은 게 수진이 머리에 씌어 있었거든. 이게 대체 어찌 된 일일까?

 수진이는 고개를 획 돌려 주변을 살펴보았어. 그랬더니, 세상에! 엄마, 아빠, 오빠가 모두 TV에서 본 우주복을 입고 공중에 떠서 허우적대고 있었어. 마치 무중력 상태에 있는 것처럼 말이야. 그건 수진이도 마찬가지였어.

 "이, 이게 어떻게 된 거야?"

 수진이는 허둥대며 외쳤어. 그것도 잠시, 조금 지나니까 뭔가 붕 뜨는 기분이 들더니 몸이 바닥에 살포시 내려왔어. 수진이의 머리에 씌워진 둥근 안전모도 벗겨졌어. 두툼했던 우주복도 바람이 빠지고 몸에 딱 붙는 모습으로 바뀌면서 한층 가벼워졌지. 왠지 변신하는 기분이야. 수진이는 혼란스러운 얼굴로 외쳤어.

"아빠! 엄마! 이게 다 뭐야?"

수진이가 울먹이면서 아빠한테 막 뛰어갔어. 수인 오빠도 겁에 질린 얼굴로 뛰어왔지. 아빠는 엄마랑 오빠를 딱 끌어안고 자리에 앉았어. 수진이는 얼른 수수를 찾아 안았어. 온 식구가 서로 안고 있으니 좀 진정되는 것 같았어.

"얘들아. 괜찮니? 자, 자. 진정하렴."

아빠의 차분한 목소리에 수진이와 수인이는 울먹이던 것을 간신히 가라앉혔어. 정신을 차리고 주변을 돌아보니까 온통 하얀색 벽이었어. 문도 보이지 않고 아무것도 없었어. 그런데 곧바로 지이잉 소리가 나더니 한쪽에 그림이 그려지듯 문 모양이 만들어졌어. 이윽고 그 문 모양만큼 구멍이 뚫리고 그 안에서 이상하게 생긴 동물이 들어왔어.

"리비라아 아리니라아노라바리."

수진이와 수인이는 깜짝 놀라 아무 말도 할 수 없었어. 그 동물은 알 수 없는 소리를 계속해서 냈어. 수진이네 식구들은 그저 눈만 동그

랗게 뜨고 있었지. 그 동물은 잠시 갸웃하더니 가슴에 있는 동그란 버튼을 톡톡 쳤어. 그러더니 이내 알아들을 수 있는 말이 흘러나왔어.

"아. 안녕하세요? 죄송합니다. 번역기 설정을 잘못해서 안드로메다 언어로 맞춰 놨네요."

'뭐야? 우리나라 말을 하잖아?'

수진이는 눈을 깜박이며 희한한 그 동물을 살펴보았어. 온몸이 하얗고 팔과 다리는 얇고 길었어. 키는 아빠보다 조금 작았고 사람처럼 두 다리로 서 있었지. 그리고 눈이 굉장히 컸어. 수진이는 한 번도 본 적이 없는 동물, 아니 생물이었어. 두려움보다 호기심이 먼저 들었어.

"아빠, 저건 무슨 동물이에요?"

"그, 글쎄다."

수진이는 문득 이런 생각이 들었어.

'혹시 외계인이 아닐까?'

그런 생각이 들자 수진이의 가슴이 두방망이질 쳤어. 외계인이라면 정말이지 놀라운 경험을 하고 있는 거잖아! 수진이는 용기를 내서 말을 걸어 봤어.

"누, 누구세요? 혹시 외계인이세요?"

"네. 나는 지구인에게는 외계인입니다. 스푸트니크별에서 온 스푸트니크 성인입니다. 제 이름은 지구어로 '라니'라고 부를 수 있겠네요."

'역시!'

수진이는 입을 떡 벌렸어. 실제로 외계인을 보고 있다니! 가만, 그럼 여기가 우주선이란 말이야?

그 순간 엄마의 떨리는 목소리가 들렸어.

"여, 여긴 어디예요? 우리를 어떻게 하려고 그래요?"

엄마가 소리쳤어. 수진이는 그제야 불현듯 그런 생각이 들었어. 설마 지금 외계인이 우리를 공격하는 걸까? 그래서 우리를 잡아 온 것일까? 수진이는 너무 두려워 엄마의 팔을 붙들었어. 수인이와 아빠는 잔뜩 경계하는 눈빛으로 라니를 바라보았어.

그런데 외계인 라니의 반응이 좀 이상했어. 얼굴에 커다란 눈밖에 없었지만 어쩐지 당황하고 있다는 느낌을 받았어. 그때였어. 수수가 그 외계인에게 다가가서 비비적댔어. 마치 애교를 부리는 것처럼 말이야. 그 모습을 보고 수진이는 왠지 마음이 놓였어. 수수가 좋아하는 것을 보니 나쁜 생명체는 아닌 것 같았거든.

라니도 수수를 내려다보더니 다시 고개를 들고 우리를 보았어.

"아, 진정하세요. 거기 꼬마 친구. 친구 때문에 우리가 온 거라고요. 꼬마 친구가 달나라에 우리 가족을 모두 데려다 달라고 했잖아요. 그

래서 어렵게 이 멍멍이도 데려왔어요."

라니의 말을 듣고 수진이는 눈을 깜박였어. 설마 잠들기 전에 했던 기도를 말하는 걸까?

"제, 제가요?"

"그래요. 맞아요."

라니는 3개밖에 없는 가느다란 손가락으로 뒷머리를 긁으면서 사정을 이야기했어. 라니는 자기 행성 친구들과 함께 지구에 자주 놀러 왔다고 해. 지구에 오면 항상 '조경철 천문대' 근처로 놀러 왔대. 놀랍게도 화천에서 수진이네 가족 말고 지구인을 만난 적이 또 있었대.

라니가 만난 그분은 별을 무척 좋아하는 사람이었다고 해. 워낙 별을 좋아해서 종일 망원경을 보고 계셨나 봐. 라니가 사는 행성에는 원래 다른 별 생명체들과 만나면 안 된다는 규율이 있었대.

하지만 그때 그분이 우연히 망원경으로 라니가 탄 우주선을 보는 바람에 지구에 온 걸 그분께 들키고 말았대. 다행스럽게도 별을 좋아

하는 그분은 외계인인 라니의 비밀을 지켜 주었지. 둘은 친구가 되었다고 해. 그 후 라니는 지구에 올 때마다 그분을 만났던 모양이야.

그분이 돌아가실 때 '우주를 좋아하는 어린이의 소원을 꼭 하나만 들어 달라'고 부탁하셨대. 마침 라니는 꽤 오랜만에 지구에 놀러 왔다가 우연히 수진이의 소원을 듣게 되었어. 그래서 수진이네 가족을 우주선에 태워 주기로 마음먹은 거야. 지구에 착륙할 수 없어

서 견인 빔을 써서 수진이네 가족을 데려와야 했어.

라니의 이야기를 한참 들었는데도 수진이 식구들은 그 말을 믿을 수가 없었어.

그러자 라니는 마치 한숨을 내쉬는 것처럼 폭~ 숨을 내뱉었지. 그러다 무언가 떠올랐는지 서둘러 말했어.

"아, 지금은 지구에서 조금 떨어진 우주예요. 밖을 한번 보시겠어요?"

라니가 이렇게 이야기하자마자 하얀 벽이 서서히 변하더니 전체가 큰 창이 됐어. 창밖에는 까만 우주가 보이고 파란색 공이 하나 보였어. 바로 책에서 봤던 지구였어.

"우와!!"

수진이네 식구들은 모두 탄성을 내뱉었어. 지구가 정말 저토록 아름다웠어? 지구는 아름다운 푸른색과 하얀색, 황토색이 적절하게 섞여 있는 멋진 공 모양이었어. 모두 감탄하고 있는데 뒤에서 라니가 다시 한숨을 '휴' 하고 내쉬었어.

"어쩌다 지구가 저렇게 미워졌는지."

응? 모두 아름다운 지구를 보며 감탄하고 있는데 그게 무슨 소리지? 수진이는 의아한 얼굴로 라니에게 물었어.

"지구가 미워졌다고요?"

"네. 맞아요."

라니는 창밖의 지구를 바라보았어.

"예전 지구는 정말 깨끗하고 맑았는데, 점점 저렇게 색이 변해갔어요. 초록도 더 많고 색도 더 선명했는데 어쩌다 저렇게 됐는지. 우리가 아는 별 중에서 지구가 가장 예뻤다고요. 그래서 자주 놀러 왔는데 앞으로 얼마나 더 올지 모르겠어요."

라니의 이야기를 듣고 있으니 수진이는 덩달아 시무룩해졌어. 아, 지구가 인간 때문에 몸살을 앓고 있다더니 정말 그런가 봐. 그런데 라니는 도대체 얼마나 오래전부터 지구를 왔다 갔다 한 걸까? 아빠는 뭔가 생각하더니 라니에게 물어봤어.

"저, 원래 별의 이름이 스푸트니크인가요?"

"네?"

"그게…… 제가 아는 이름인 것 같아서요."

라니는 아빠의 말을 듣고는 잠시 눈을 가늘게 떴어. 그 모습이 꼭 무언가를 찬찬히 생각해 내는 것 같았지.

"아, 하하. 그럴 수 있겠네요."

외계인의 웃음을 보다니! 수진이는 너무 신기해서 라니에게서 좀

처럼 눈을 뗄 수 없었어. 라니는 그런 수진이의 생각을 아는지 모르는지 반갑게 말을 이었어.

"아, 맞아요. 우리 별 이름을 우리말로 하면 지구인은 알아듣기 힘들어요. 그래서 예전에 만난 지구인 친구를 위해 지구인 언어 중에서 하나로 골라서 이름을 붙였지요."

"그렇군요. 그럼 혹시."

"네. 아주 옛날에 있었던 일이죠. 우리가 지구에 놀러 갔는데 갑자기 우주선 하나가 지구 밖으로 날아오는 거예요. 외계인의 우주선들은 저희가 거의 다 알고 있는데 그건 처음 보는 우주선이었어요. 그냥 둥근 공 모양에 기다란 4개의 안테나만 달려 있었지요. 추진 장치나 카메라, 방어용 무기 같은 것도 보이지 않았고요."

"아, 역시 그랬군요."

"네, 말씀하시는 그것이 맞을 거예요."

수진이는 답답했어. 아빠와 라니는 대체 무엇을 이야기하는 걸까?

"아빠, 그거라뇨? 그게 뭔지 저도 궁금해요."

라니는 수진이를 보며 마치 웃는 것처럼 표정을 지었어.

"꼬마 친구. 우리가 예전에 와서 본 우주선은 지구에서 쏜 우주선이었어. 제 기억에는 그때가 지구 시간으로 1957년이었던 것 같아요.

나중에 알아보니 그 우주선 이름이 '스푸트니크 1호'였어요. 알고 보니 위성이었지만요. 그래서 그 기념으로 우리 별 이름을 '스푸트니크'라고 부르기로 했어요."

아빠와 라니가 이야기한 '그것'은 바로 '스푸트니크 1호' 우주선을 말하는 거였어.

라니가 화천에서 만났던 지구인은 스푸트니크가 발사될 때 수진이 또래 정도였다고 해. 그분은 어릴 적부터 별을 참 좋아했는데 스푸트니크 1호가 그분께 '인간도 우주로 나갈 수 있다'는 꿈을 꾸게 해 주었대. 라니가 자기 행성에 그 위성의 이름을 붙여서 그분도 무척 기뻐했다고 해.

수진이는 어안이 벙벙해졌어. 세상에, 그럼 1950년대에도 지구에 우주선이 있었다는 거잖아!

라니가 지구에 놀러 온 시간을 헤아리자면 무려 100년은 더 되었대. 그런데 그때 처음으로 지구의 우주선을 보게 되었지. 라니가 지구를 좋아하는 이유 중 하나가 바로 엄청나게 빠르게 발전하는 지구의 우주선이야. 첫 우주선을 본 지 60년 정도밖에 되지 않았는데 정말 상상할 수 없을 정도로 발전한 우주선이 계속 날아온다는 거야.

"정말, 놀라워요. 다른 별의 생명체가 지구에 몰래 기술을 알려 주는 게 아닐까 싶을 정도로 빠르게 발전하고 있어요."

라니의 이야기를 들으며 지구에 친근함을 느끼는 라니의 마음을 느낄 수 있었지. 아빠는 이미 라니에 대한 두려움은 온데간데없이 사라졌는지 다양한 이야기를 꺼내기 시작했어. 우주를 연구하는 연구원이라 그런지 외계인을 만나니 무척 흥분되었나 봐. 라니는 아빠가 묻는 말에 전부 친절하게 대답을 해 주었어.

라니는 손가락을 들어서 허공에 빔을 쐈어. 그랬더니 공중에 화면이 하나 펼쳐졌지.

"이게 제가 본 지구인들의 우주선이에요. 영상은 자동으로 시간대와 함께 우리 우주선에 녹화되었지요. 지구 시간으로 다시 계산해서 설명해 드릴게요."

라니는 영상 하나하나를 설명해 줬어. 아빠는 물론이고, 엄마, 수진이와 수인이, 그리고 수수까지 영상을 뚫어져라 바라보았어.

처음 나온 건 스푸트니크 1호야. 동그란 공에 긴 다리가 달린 것 같은 모양으로 마치 거미같이 생겼어.

'저게 우주선이야?'

수진이가 이렇게 생각할 만큼 스푸트니크 1호는 신기한 모양이었어.

그리고 또 다른 우주선이 보였어. 라니는 그 우주선에 수수처럼 생

긴 생물체가 타고 있었다고 말했어. 수진이는 고개를 갸웃했어.

"우주선에 강아지가 타고 있었다고요?"

이번에는 라니 대신 아빠가 대꾸했어.

"아마 우주개 라이카가 타고 있던 스푸트니크 2호일 거야."

우주개가 있었다니! 수진이는 신기한 마음에 영상에서 눈을 뗄 수가 없었어.

영상에는 또 여러 가지 우주선이 계속 나왔는데 라니 말처럼 우주선의 모습이 점점 변하는 과정이 또렷하게 보였어.

그리고 1966년이라고 찍힌 영상에서 우주선 하나가 달로 날아갔어. 소련의 '루나 9호'였어. 1969년 7월 영상에 나온 우주선은 바로 그 유명한 '아폴로 11호'라고 아빠가 알려 줬어. 아빠는 그 우주선으로 인간이 최초로 달에 갈 수 있었다고 말했어. 우주선 안에 탄 사람은 보이지 않았지만 아마 지금 수진이처럼 무척 들떠 있었을 거야.

이후에도 수도 없이 많은 우주선이 지구에서 우주로 날아가는 모습이 마치 영화처럼 그려졌지.

"아, 이걸 잘 보세요. 이게 한국에서 처음으로 우주에 보낸 인공위성입니다."

라니의 말에 수진이네 식구들은 귀가 쫑긋해지는 기분이 들었어.

너나 할 것 없이 심장이 두근거렸어.

영상에는 1992년이라고 적혀 있었어. 직육면체에 기다란 안테나가 달린 우주선이 보였어. 아빠가 저건 우주선이 아니라 인공위성이라고 설명해 줬어. 인공위성이기 때문에 계속 지구 주위를 빙글빙글 돌면서 땅에 있는 연구소와 통신을 주고받는다고 해. 바로 우리나라 최초의 인공위성 '우리별 1호'였어.

'지구를 계속 돌고 있다고 했으니까 지금도 돌고 있을지 몰라.'

수진이는 영상에서 고개를 돌려 창밖에 보이는 지구의 겉을 유심히 쳐다봤어. 혹시 우리별 1호처럼 생긴 위성이 있지 않을까 찾아보았지. 하지만 너무 멀어서 잘 보이지 않았어. 그런데 자세히 보니 지구 둘레에 어떤 띠 같은 것들이 둘러쳐져 있었어. 수진이는 그 띠를 유심히 살펴보았어.

'어? 저건 뭐지? 구름 같지는 않은데?'

우주는 어떤 곳일까요?
우리는 왜 우주로
나가려고 할까요?

우주란 무엇일까? 이 질문에 대한 대답은 아직 해결되지 않았어. 우리나라 표준국어대사전에서 이 말을 찾아보면 '무한한 시간과 만물을 포함하고 있는 끝없는 공간의 총체'라고 나와 있지. 다른 나라에서는 우주를 어떻게 정의할까? 케임브리지 영영 사전에서는 그냥 '지구 밖의 지역'이라고만 되어 있어.

미지의 세계, 우주! 너 어떻게 생겼니?

지금까지 우주에 대해 알아낸 것 중 가장 유명한 건 빅뱅 이론이 있어. 빅뱅 이론을 간단하게 살펴볼까? 우주에는 지금부터 약 137억 년 전에 어마어마한 폭발이 있었다고 해. 그리고 그 폭발을 통해서 이 우주가 생겨났다는 가설이야.

과학자들은 처음에는 온 세상의 모든 물질이 전부 응축돼서 이 한 점에 모여 있었을 거라고 생각하고 있어. 어느 순간 그게 폭발하면서 흩어지고 점점 커지면서 우주가 만들어졌다는 거지. 아직도 우주는 계속 팽창하고 있다고 해. 우주가 점점 더 커진다는 거야. 이것이 바로 빅뱅 이론이야. 1927년 벨기에의 조르주 르메트르라는 사람이 처음으로 주장했어. 재미있는 건 이 사람이 물리학자이자 신부님이었다는 거야.

우주의 나이는 이 폭발이 일어난 후 지금까지의 시간을 말해. 유럽 우주국이 운영하는 우

주 관측소 플랑크에서 2013년에 발표된 논문을 보면 약 140억 년 정도 된다고 해. 이건 우주를 수학적으로 풀어낸 모형인 람다-시디엠(ΛCDM) 모형으로 계산한 결과야. 우주의 나이와 생성 원리는 엄청나게 복잡한 수학 공식을 통해서 물리학자들과 슈퍼컴퓨터가 계산해.

아쉽게도 빅뱅 이전에는 무엇이 있었는지, 또 빅뱅이 생긴 이후 어떤 방식으로 우주가 팽창하게 됐는지는 아직 알아내지 못했어.

우리나라 연세대학교의 이석영 교수님이 해외 연구 기관들과 우리나라 누리온 슈퍼컴퓨터를 이용해서 우주 초기에 은하가 생겨나는 과정을 그림으로 그리는 데 성공했어. 은하는 커다란 별들의 모임을 뜻해. 은하수 알지?

이 교수님이 만든 그림은 영상으로 되어 있어. 이걸 보면 맨 처음 물질이 혼돈 속에 있었을 때는 아무것도 보이지 않았다가 시간이 지나면서 물질끼리 충돌하면서 덩어리가 커지는 모습을 볼 수 있어. 이 교수님도 우주 나이의 절반 정도밖에 계산을 마치지 못했다고 해.

이 책을 읽는 친구들이 우주에 관해 탐구하게 된다면 남은 비밀들을 꼭 밝혀 줬으면 좋겠어.

우주는 무엇으로 구성되어 있을까?

우주는 대부분 '암흑 에너지'와 '암흑 물질', 그리고 우리들이 알고 있는 '일반적인 물질'로 구성돼 있어.

'일반 물질'은 다른 말로 바리온 물질이라고도 해. 바로 원자들로 구성돼 있는 물질들이야. 원자가 모여서 물질을 만드는 거야. 그러니까 원자는 모든 물질의 가장 작은 입자라고 생각하면 돼. 그러니까 수소 같은 원자부터 동물, 식물, 지구, 은하 같은 것은 모두 일반 물질에 속해. 우리 주변의 밝은 빛이나 적외선, 자외선, X선 같은 전자기파도 우주의 구성 요소 중 하나야.

암흑 에너지나 암흑 물질에 대해서는 아직까지 알려진 바가 별로 없어. '암흑'이라는 말도 그 정체에 대해서 아무것도 모른다고 해서 붙여진 이름이야. 신기한 건 암흑 물질과 암흑 에너지가 우주를 구성하는 요소 중

96퍼센트나 차지하고 나머지는 겨우 4퍼센트에 불과하다는 거야. 우리는 우주 구성 물질의 고작 4퍼센트도 알지 못한다는 거지.

그래서 이 두 가지에 대해서 조금이라고 밝혀내면 곧바로 노벨상을 타거나 후보에 오르기도 해. 그만큼 미지의 세계란 이야기지.

많은 사람이 지구 밖 외계에서 살 수 있는 방법을 찾기 위해 노력하고 있어. 그만큼 우주 환경은 인간이 살아가기에 적합하지 않거든. 일단 공기가 전혀 없고 태양에서 나오는 방사선도 어마어마하게 강하지. 지구는 대기와 오존층 등이 태양 방사선을 막아 줘. 만약에 태양의 방사선이 닿지 않을 만큼 먼 곳이라면 너무 추워서 살지 못할 거야.

★허블 우주 망원경이 촬영한 아벨 은하단의 모습이야. Abell 1689 은하단에서는 암흑 물질에 의한 중력 렌즈 효과를 관찰할 수 있어.

공기도 없고 물도 없고, 그렇다 보니 인간이 먹을 수 있는 음식도 하나도 없겠지. 지구는 이 넓은 우주에서 단 하나, 인간이 살 수 있는 정말 축복받은 별이야. 지구와 가장 가까운 달이나 화성을 지구와 비슷한 환경으로 만들기 위해서 많은 과학자가 노력하고 있어. 하지만 공기의 질이나 온도, 태양 방사선 같은 문제들 때문에 인간이 살기 어렵지.

인간은 항상 알려지지 않은 세계를 향해 탐구해 왔어. 세상의 모든 지식은 인간의 그런 탐구심으로 발전했다고 해도 과언이 아니야. 인간은 미지의 세계인 우주를 항상 궁금해해. 우주에는 새로운 에너지가 있을 수도 있고, 지구처럼 우리가 살 수 있는 다른 별이 있을 수도 있으니까.

해와 달, 별로만 알 수 있었던 우주

우리 조상들은 해와 달의 움직임, 별의 위치만 가지고도 시간의 흐름과 계절의 변화까지 예측해냈어.

선사 시대 유적인 고인돌 덮개돌에서 별자리 모양이 발견된 적이 있어. 삼국 시대에는 하늘에 나타나는 현상을 가지고 국가와 왕의 미래에 대해 점을 쳤지. 특히 일식과 월식 같은 현상은 옛날 사람들 눈에는 하늘이 보내는 아주 신기한 신호처럼 보였지. 그 때문에 하늘의 현상을 예측할 수 있는지 여부가 나라의 힘과도 관계되었어. 경주에

있는 첨성대는 신라 사람들이 하늘을 관찰하던 곳이야. 첨성대는 고구려에도 있었어. 백제에는 점성대라는 이름으로 비슷한 곳이 있었다는 기록이 있어.

우리나라의 최초로 천체(天體, 우주에 존재하는 모든 물체)를 관측했다는 기록은 《삼국사기》에 나와. 거기에 기원전 49년 3월의 혜성을 관측했다고 적혀 있지.

고려 시대에는 천문 관측을 본격적으로 나라에서 제도로 만들어서 발전을 거듭했어. 조선 시대, 특히 세종대왕 때는 더 큰 발전을 이뤘어. 중국에만 있던 천문 관측기구인 '혼천의'를 우리나라의 하늘에 맞게 만들어 낸 거야. 혼천의는 지구 자전축에 해당하는 축을 시계 장치에 연결한 다음, 하루에 한 번 회전하도록 해서 계절과 시간의 변화를 알 수 있도록 만든 정밀한 장치야. 혼천의를 간소하게 만든 것을 '간의'라고 해.

하늘과 별의 움직임을 알면 시간을 알 수 있고 계절의 변화를 알 수 있어. 예전에는 달력이 없었으니까 해나 별의

위치를 보고 농사를 언제 시작하고 언제 추수해야 하는지를 알아냈지. 달력에 표시된 24절기는 해의 위치를 보고 정한 날들이야.

망원경이 발전하면서 사람들은 더 멀리까지 볼 수 있게 됐어. 점점 더 먼 곳의 비밀을 알아내기 위해 더 발달된 망원경이 나오게 되었지. 물리학자나 수학자들은 여러 가지 수학 계산을 통해서 우주의 모형을 만들어 내고 있지.

우주 개발 경쟁의 시대가 열리다

우주 개발이 본격적으로 이루어진 것은 바로 미국과 소련이 벌인 우주 경쟁에서부터야. 1957년 10월 4일, 옛 소련(현재는 러시아)은 R-7 로켓을 이용해서 스푸트니크 1호를 발사했어. 이것이 세계 최초로 사람의 손으로 만든 창조물을 우주로 보낸 위성이자 우주 개발의 시작이었지.

★스푸트니크 1호

스푸트니크 1호는 반짝이는 알루미늄으로 둘러싼 구 모양의 위성이었어. 지구에서도 잘 보이도록 반짝이게 만들었지. 이 위성의 기능은 단순했어. 지구로 신호를 보낼 수 있는 송신기와 안테나만 가지고 있었지. 하지만 이 알루미늄 공이 지구 중력장을 뚫고 우주로 날아간 일은 역사적인 사건이야. 우물 안에만 있던 인류를 우물 밖으로 내보내어 새로운 세상으로 인도하는 시발점이 된 거야.

사실 첫 위성 발사는 우주 탐사보다는 무기 개발에 가까웠어. 지구 밖으로 위성을 내보낼 수 있다면 지구 안에서는 더 쉽게 쏘아 올릴 수 있겠지. 다시 말해, 지구 안에서는 아무리 먼 거리라도 미사일을 날릴 수 있다는 뜻이야. 당시 미사일 개발에 자신 있던 소련은 그걸 과시하기 위해 위성을 우주로 쏘아 올린 거지. 이로써 지구에서 우주로 뭔가를 보낼 수 있다는 것이 증명되었어. 지구촌에 우주 시대가 활짝 열리게 된 거야.

소련은 그로부터 4년 후 그러니까 1961년에 세계 최초 우주 비행사인 '유리 가가린'을 우주로 보내. 소련의 비약적인 우주 개발 과정은 미국에 큰 자극이 되었어. 미국이 우주 개발에 전념해 훗날 달에 사람을 보내는 데 중요한 계기가 되었지.

당시는 '냉전 시대'라고 불리던 때였어. 냉전 시대는 미국하고 소련, 그러니까 지금의 러시아 사이가 엄청나게 좋지 않던 시기였어. 2차 세계대전이 끝난 1945년부터 소련이 붕괴되는 1991년까지 미국을 포함한 자유민주주의 진영과, 소련을 선두로 한 공산주의 진영이 서로 으르렁대던 시기야.

★세계 최초로 우주를 여행한 유리 가가린

두 진영의 대표 격인 미국과 소련은 뭐든지 자신이 앞서야 했어. 군사력은 물론이고 하다못해 스포츠 대회인 올림픽에서 따는 금메달 수까지도 경쟁했지. 신기술에 대한 것은 말할 것도 없었어.

그런 와중에 1957년 소련이 먼저 우주로 나갔어. 미국은 경쟁 상대에게 뒤처졌다는 생각에 조바심이 났지. 곧바로 미국도 우주 개발 계획을 세워. 1958년에 미국의 국립 항공 우주국(NASA)이 만들어졌어. 이에 뒤질세라 소련은 1959년 루나 2호를 달에 충돌시키는 데 성공했어. 게다가 1961년 4월 12일 유리 가가린이라는 사람이 최초로 우주선에 타고 우주여행을 하는 데 성공해.

이렇게 우주 개발에서 소련이 눈에 띄게 앞서게 되었어. 소련이 먼저 우주로 인간을 보내는 데 성공하자 미국은 소련과의 우주 경쟁에서 이길 다른 방법을 찾지. 그 결과 달에 인간을 착륙시키는 것을 목표로 삼게 되었어.

미국의 존 F. 케네디 대통령은 1962년 9월 12일 아주 유명한 연설을 해. "우리는 달에 가기로 결정했습니다."라는 말을 남기지. 그 후 레인저 7호가 1964년 7월 달 표면에 충돌하는 것에 성공해. 제대로 착륙한 것도 아니고 땅에 처박혔다는 표현이 맞겠지만. 그래도 레인저 7호는 달과 부딪히기 전 17분 동안 무려 4,400여 장의 사진을 찍어서 지구로 전송했어.

★1969년 7월 16일 아폴로 11호를 실은 새턴 V 로켓의 발사 장면. 사진은 발사 개시 후 수 초가 지난 장면이야.

미국의 도전은 멈추지 않았어. 미국은 1969년 세계 최초로 아폴로 11호를 달에 보내면서 소련 연방에 크게 반격을 날렸어. 우주로 먼저 나간 건 소련이지만 달에 처음 발자국을 남긴 건 미국인이었지. 미국이 먼저 뒤통수를 맞았다면 소련은 정면으로 대포알을 맞은 느낌이었을 거야. 소련은 끝까지 달에 사람을 보내지 않고 무인 탐사선만 보냈어.

너도나도 우주 개발에 참여하게 되다

두 나라의 우주 경쟁이 심해지면서 두 나라의 기술은 나날이 발전했어. 우주 기술은 단지 우주로 날아가는 것만 개발하는 것이 아니야. 로켓을 더 잘 만들어서 쏘게 되고, 인공위성을 이용해서 여러 정보도 얻을 수 있어서 매우 쓸모가 많거든.

그래서 뒤늦게나마 선진국들이 너도나도 우주 개발 경쟁에 뛰어들었어. 프랑스, 중국, 일본, 인도, 영국, 이탈리아 등이 앞다퉈 인공위성을 발사하면서 지구 밖 세상을 직접 보려고 노력했지. 우리나라는 1992년 8월 11일 우리별 1호를 프랑스의 기아나 우주 센터에서 발사하면서 우주 개발에 뛰어들었어.

우주 경쟁은 군사력과도 밀접한 관계가 있어. 우주로 위성이나 착륙선을 쏘아 올리는 발사체는 대륙 간 탄도 미사일과 같은 원리로 사용하니까. 그게 어떤 원리냐고?

대륙 간 미사일은 보통 미사일이 날아가는 거리가 5,500킬로미터 이상이야. 말 그대로 다른 대륙에 있는 나라를 공격할 때 사용하지. 물체를 멀리 던지면 포물선을 그리면서 날아가지? 대륙 간 탄도 미사일이 5,500킬로미터 이상을 날아가려면 1,000킬로미터 정도까지 높이 올라갔다가 내려와야 해. 대기권이 고도 100킬로미터 정도까지니까 사실상 대륙 간 미사일도 우주에 나갔다가 지구로 떨어지는 거지. 그래서 인공위성을 우주로 보낼 수 있는 로켓이 있다면 대륙 간 탄도 미사일도 만들 수 있다고 하는 거야.

그런 이유로, 많은 나라가 항공 우주를 연구하는 연구원과 국방 과학을 연구하는 연구소와 함께 우주 개발을 해. 우주의 신비를 알아내는 연구와 전쟁을 위한 연구를 함께하다니 상당히 아이러니하지.

수많은 위성과 위성 발사체(위성을 우주로 쏘아 올리기 위한 발사체들)가 지구 밖으로 날아갔지. 일부는 발사에 성공하고 일부는 실패했어. 지구 밖으로 날아간 위성과 발사체들은 잘 운영되고 있는 것도 있고 이미 수명을 다한 것들도 많아. 소련, 미국이 시작한 우주 개발 경쟁에 전 세계 나라가 모두 참여하면서 지구 대기권 밖에 수많은 위성과 발사체들이 떠 있게 되었어. 덩달아 우주 쓰레기도 어마어마하게 만들어졌지.

우주 개발은 어디까지 왔을까?

우주 개발이 시도할 때마다 성공하는 건 아니야. 오히려 성공보다 실패가 더 많지.

우리나라도 첫 우주 발사체 '나로호'가 성공할 때까지 두 번이나 실패했어. 미국도 최초의 우주 발사체(인공위성이나 우주선을 우주로 날아가게 하는 모든 발사체)였던 '뱅가드'가 1957년 12월 6일 발사한 지 2초 만에 폭발했지. 일본 역시 첫 우주 발사체 '람다'가 1966년 우주 궤도에 들어가지 못하고 떨어졌어. 중국 역시 'DF-4'라는 미사일을 개량해서 만든 우주 발사체 '씨제트-1'이 1969년 첫 발사 시험 69초 만에 꿈을 접었지.

발사체들만 실패한 건 아니야. 1986년 1월 28일에는 미국의 우주 왕복선 챌린저호가 발사 73초 후 폭발해서 산산조각 났지. 이때 타고 있던 승무원 7명은 전부 사망했어. 2003년 2월 1일에는 또 다른 우주 왕복선 컬럼비아호가 임무를 마치고 귀환하던 길에 대기권에서 폭발해 7명이 사망했지. 그 외에도 실패한 사례는 엄청나게 많아. 하지만 우주를 향한 인류의 도전은 멈추지 않았어.

이제는 국가 차원이 아니라 민간까지도 우주 개발에 참여하는 시대가 열렸어. 영화 〈아이언맨〉의 실존 모델로 알려진, 테슬라의 CEO 일론 머스크(Elon Reeve Musk)가 만든 우주 탐사 기업 '스페이스X'가 대표적이야. 스페이스X는 위성 인터넷을 구축하기 위한 소형 위성을 재사용이 가능한 로켓인 '팰컨 9'에 실어서 발사했어.

그럼 왜 인간들은 실패를 거듭하면서도 큰돈을 들여 자꾸 우주로 나가려고 하는 걸까?

우주 개발에 적극적인 인물, 일론 머스크는 인류가 멸종할지도 모른다는 이유로 화성에 가야 한다고 말해.

머스크의 말에 따르면 인류는 지금 두 가지 선택지를 가지고 있어. 하나는 환경 오염과 식량 고갈 등으로 지구에서 그냥 멸종하는 것, 아니면 우주 여러 행성에 정착해 다행성종이 되는 거야. 그러니까 앞으로 지구인이 아니라 화성인이 될 수도 있다는 거지.

이런 공상 과학 소설 같은 이유 말고도, 우주 기술은 우리에게 많은 이로움을 주기 때문에 끊임없이 개발돼. 이를테면 인공위성 덕분에 우리는 영국에서 축구 경기를 뛰고 있는 손흥민 선수를 생중계로 볼 수 있어. 또한 태풍을 먼저 관측해서 언제 얼마나 큰 규모로 다가올지 예상할 수 있지.

인공위성을 이용한 기술만 있는 건 아니야. 불을 막아 주는 소방복이나 물체의 형상을 그대로 기억하는 메모리 폼도 우주에서 사용하기 위해 개발한 기술이야.

시력을 교정하기 위해서 하는 라식 수술도 우주 기술에서 비롯되었어. NASA와 미 국방부에서 목표 추적과 무기발사 제어용으로 개발한 레이더 기술을 이용한 거야. 쉴 새 없이 움직이는 눈의 움직임을 초당 4,000번 속도의 레이더 기술로 정확하게 측정할 수 있기 때문에 수술이 가능한 거지.

전자레인지와 정수기를 개발하는 것은 원래 인간을 달로 보내려는 '아폴로 계획'에 포함돼 있었어. 우주 비행사들의 식수와 음식 문제를 해결하기 위해서 만든 거지. 열을 가하면 원래 모습으로 되돌아가는 형상 기억 합금은 아폴로 착륙선의 포물선 안테나에 사용하려고 만들었어. 선글라스는 우주에서 유해한 태양 빛을 막기 위해 우주인 헬멧에 부착하려고 만들었지.

우리 주변에는 이렇게 우주 기술로 인해서 탄생된 기술과 제품들이 아주 많아.

미국의 국립 항공 우주국 'NASA'를 소개하는 글에는 이런 말이 적혀 있어.

'새로운 차원에 도달하고 미지의 것을 밝혀서, 우리가 한 일과 배운 지식이 인류에게 도움이 되도록 한다(To reach for new heights and reveal the unknown so that what we do and learn will benefit all humankind).'

이 글이 인류가 우주를 개발하는 궁극적인 이유를 가장 잘 대변해 준다고 생각해. 지금 진행하는 연구들이 언젠가 우리에게 기여할 거라는 믿음을 가지고 오늘도 세계의 많은 과학자가 우주의 신비를 풀기 위해 노력하고 있어. 지금 이 책을 보는 여러분도 우주에 한번 도전해 보는 건 어때?

참고 : 《과학기술정책 제20권 제2호 우주개발의 현황과 미래방향》(최남미 항공우주연구원 선임 연구원)

우리나라에도 우주를 보며 꿈꾸었던 위인들이 있었어!

우리나라에도 우주 하면 떠오르는 인물들이 상당히 많아. 조선 시대에 장영실은 세종대왕과 함께 하늘을 올려다보며 우주를 읽기 위해 노력했어. 만 원짜리 뒷면에 있는 천체 관측 기구인 혼천의도 바로 장영실이 만들었어. 원래 혼천의는 중국에서 먼저 만들었는데, 중국의 혼천의는 하늘에 떠 있는 별 등의 움직임을 관측하는 것이 가장 큰 목적이었지. 장영실이 제작한 혼천의는 정교한 동력 장치를 이용해서 천체의 움직임을 재현하면서 동시에 시간까지 알려 주었어.

○ 아폴로 박사, 조경철 박사

수진이네 가족이 찾아간 천문대의 이름은 '조경철 천문대'야. 바로 조경철 박사님의 이름에서 따왔어. 조경철 박사님은 우리나라에서 가장 유명한 별 과학자 중 한 분이야. 별명은 아폴로 박사야. 어렵기만 했던 천문학을 일반 대중들에게 쉽게 전달하는 데 일생을 바친 분이야.

　조경철 박사님은 1929년 4월 지금은 북한인 평안북도 신천에서 태어나서 홀로 남한으로 내려오셨어. 조경철 박사님의 스승인 이원철 박사님도 우리나라 최초의 이학 박사로 유명해. 이분께서 조경철 박사님께 '천문을 공부하라'는 말씀을 하셨다고 해. 그 말을 귀담아들은 조경철 박사님은 천문 공부를 시작했어.

　조경철 박사님은 미국 펜실베이니아대학교에서 박사 학위를 받은 후 미국 해군 천문대, NASA 등 다양한 곳에서 왕성하게 활동했어. 우리나라가 국내의 과학 기술을 발전시키기 위해 해외에 있는 한국인 과학자를 불러들일 때 해외 유치 과학자 제1호로 우리나라에 돌아오셨지. 그때가 1968년이었어. 그리고 자신의 능력을 이 땅에 고스란히 남겨 두셨어.

　조경철 박사님의 좌우명은 '미루지 마라'야. 좌우명처럼 박사님은 끊임없는 노력으로 유명해. 스스로 "매일 원고지 20매를 채울 것이며 평생 책 200권을 저술하겠다."는 약속을 했지. 2010년 돌아가시기 전까지 논문 60편, 기고문 2,000편 이상, 책 173권을 저술하셨어.

　1991년에는 일본 아마추어 천문가 와타나베 가즈오가 자신이 발견한 소행성에 조경철 박사님을 존경하는 의미를 담아서 '4976 조경철'

이라고 이름을 붙였어.

○ **우리나라 최초로 인공위성을 쏘아 올리다, 최순달 박사**

서점에 가면《48년 후 이 아이는 우리나라 최초의 인공위성을 쏘아 올립니다》라는 책이 있어. 그 책의 주인공이 바로 최순달 박사님이야. 1992년 8월 11일, 우리나라 최초 인공위성인 '우리별 1호'를 쏘아 올릴 때 맨 앞에 계셨던 분이지.

1931년 대구에서 태어난 최 박사님은 어린 시절에 라디오를 들으며 과학자의 꿈을 키웠어. 그 꿈을 이루기 위해서 서울대학교 전기 공학과에 입학했지. 그런데 학교를 다니는 사이에 그만 한국전쟁이 일어났어. 졸업한 후에는 전기 공학을 전공한 사람이 취직할 곳이 없었지. 그래서 최순달 박사님은 중학교 선생님으로 일하셨대. 월급이 워낙 적어서 야간 학교에도 나가서 아이들을 가르쳐야 겨우 살아갈 수 있었다고 해.

결국 최 박사님은 미국으로 유학을 갔어. 아끼고 아낀 530달러 중에서 500달러를 비행기표를 사는 데 쓰고, 30달러만 들고 미국에 도착한 거지. 미국에서 정말 열심히 공부했는데, 반드시 장학금을 받아야 했기 때문이야. 그렇게 미국 UC 버클리대학교와 스탠퍼드대학교에서 석사와 박사 학위를 받았고 NASA에서 7년간 연구원으로 일했어.

최순달 박사님은 1976년에 한국의 과학 발전을 위해서 미국의 안정적인 직장을 뒤로하고 우리나라로 돌아오셔. 그 후 돌아가실 때까지 과학계의 큰 어른으로 많은 역할을 했지. 한국과학기술대학교(지금의 KAIST)의 초대 학장인 최 박사님은 KAIST 교수로 학생들을 지도했어. 그때 KAIST에 인공위성 연구 센터를 설립했는데 여기에 참여해 학생들과 함께 우리나라 최초의 인공위성을 만들었어.

앞에 이야기한 최 박사님의 책에는 이런 글이 있어. 여러분도 이 말을 항상 가슴에 새기길 바랄게.

"인간이 살아온 길은 언제나 새로운 것을 찾는 여정이다."

참고 : 화천 조경철 천문대 홈페이지(www.apollostar.kr) / 《48년 후 이 아이는 우리나라 최초의 인공위성을 쏘아 올립니다》(최순달 저, 행간풍경)

★ 강원도 화천에 있는 조경철 천문대

★ 최순달 박사님이 KAIST에서 쏘아 올린 우리별 1호

대체 우주 쓰레기가 뭐야?

"오빠, 오빠 저거 좀 봐. 저게 뭐야?"

수진이가 창밖이 보이는 벽을 바라보자 수인 오빠도 그곳을 바라보았어. 거기에는 지구의 모습이 보였지. 수진이는 손으로 지구 주변을 둘러싼 띠 부분을 가리켰어. 오빠도 그것이 거슬렸는지 눈을 살짝 찌푸리면서 그 부분을 바라봤어.

웬 먼지 같은 것이 지구 주변에 가득 떠 있었는데 솔직히 무엇인지 분간이 잘 안 됐어.

"저게 뭐지?"

남매가 궁금해하자 아빠 역시 수진, 수인이가 보는 풍경을 보았어. 아빠는 창밖 풍경을 눈여겨보더니 순간 탄식을 내뱉었어.

"설마!"

"아빠, 저게 뭐예요?"

"저런…… 아무래도 저건 우주 쓰레기인 것 같구나."

"우주 쓰레기요?"

엄마도 아빠의 말을 듣고는 창가로 다가왔어. 그러고는 지구를 감싼 띠 부분을 자세히 보기 시작했어. 엄마도 아빠도 믿기 어렵다는 표정을 지었어.

라니가 손가락에서 보여 주던 빔을 끄고 수진이네 식구들이 있는 곳으로 다가왔어. 라니는 창을 손가락으로 톡톡 쳤는데 순간 그 띠가 크게 확대됐어. 아빠의 입에서 한숨이 흘러나왔어.

"세상에……."

띠 안에는 우주선 같은 물체가 부서져서 둥둥 떠다니고 있었어. 그것도 한두 개가 아니었어. 굉장히 많은 물체가 떠다니고 있었지.

"저것들 때문에 우리도 이제 지구에 그만 찾아올까 생각하고 있습니다. 잘못하면 큰 사고가 날 수도 있거든요."

라니가 잔뜩 풀이 죽은 목소리로 이야기했어. 라니의 말을 들은 아빠도 갑자기 고개를 푹 숙이며 중얼거렸어.

"저렇게나 심각했다니……."

수진이는 좀 궁금해졌어. 아빠도 엄마도 라니도 왜 그렇게 심각한 얼굴을 하고 있는 걸까? 수진이가 보기엔 그냥 우주선이 떠다니는 것처럼 보였는데 말이야. 조금 고장 나 보이긴 했어도 뭐가 그렇게 큰 문제인지 알 수 없었어.

오히려 저렇게 많은 우주선이 지구 근처에 떠 있는 것을 보니 우리의 과학 기술이 정말 대단하다는 생각이 들었어. 수진이는 수수를 안고 속삭였어.

"수수야, 아빠가 왜 저러시지?"

수수는 그냥 고개를 갸웃할 뿐이야. 이윽고 아빠가 수진이를 보며 무겁게 입을 열었어.

"수진아, 수인아 잘 봐. 저게 바로 우주 쓰레기야."

"네?"

수진이와 수인이는 동시에 대답하면서 아빠를 쳐다봤어. 아빠는 또 한층 무거운 표정으로 말없이 지구를 보고 있었어.

수진이는 작은 목소리로 수인 오빠에게 물었어.

"오빠. 우주 쓰레기가 뭐야? 사람들이 우주여행을 하면서 우주선 밖으로 빵 봉지 같은 거 버리기라도 하는 거야?"

"아닐걸. 아직 지구인이 우주여행을 한다는 이야기는 듣지 못했어."

"그럼 라니 같은 외계인들이 지구에 놀러 와서 우주에서 놀고 쓰레기를 버린 걸까?"

"흠. 그렇다면 외계인들 정말 나쁜데?"

수진이와 수인이는 아리송한 얼굴로 다시 확대된 영상을 봤어. 거기에는 아무리 봐도 쓰레기 같은 건 보이지 않았어. 그저 어떤 기계들만 보였지. 고개를 갸웃거리는 수진이와 수인이에게 엄마가 차분하게 이야기를 했어.

"얘들아. 저게 바로 우주 쓰레기란다. 다 인간이 우주에다 버린 쓰레기들이야. 저 기계처럼 보이는 것들은 사실 사람들이 우주로 쏘아 올린 로켓과 위성들이야. 고장이 났거나 더 이상 사용할 수 없는 걸 그대로 내버려 둔 거지. 그것들이 모여서 저렇게 많아진 거야."

엄마의 이야기를 듣고 수진이와 수인이는 놀란 얼굴로 다시 창밖을 바라보았어.

"저게 우주 쓰레기라고?"

"로켓이랑 위성들이 저렇게 많이 우주에 있다니."

수진이와 수인이는 둥둥 떠다니는 물체들을 하나씩 살펴보았어. 둘 다 궁금한 것들이 스멀스멀 피어올랐지.

"근데 고장 난 건데 왜 저렇게 그냥 놔둔 거예요?"

"맞아요. 저런 건 그냥 가져다가 고물상에 팔면 게임 칩도 여러 개 살 수 있을 텐데."

수진이와 수인이의 천진난만한 말을 듣고 엄마와 아빠는 쓴웃음을 지었어. 그러자 라니가 대신 이야기해 주었어.

"한 50년 전부터 저런 게 보인 것 같아요. 인간들은 우주로 보낸 로켓이랑 위성을 다시 가져가지 않아요. 우주 왕복선은 우주에 왔다가 돌아가기 때문에 괜찮은데 나머지는 그냥 우주에 버려 버리죠. 그것들이 지구 밖에서 계속 지구 주변을 돌고 있는 거예요. 이제는 수가 하도 많아져서 우리 같은 우주인들에게는 큰 위협이 되고 있어요. 그리고 지구인들에게도 언젠가는 큰 위협이 될 거예요."

엄마가 걱정스러운 얼굴로 라니에게 물었어.

"얼마나 많은 쓰레기가 있나요?"

엄마의 말을 들으니 수진이도 우주 쓰레기의 개수가 궁금했어.

"몇 년 전 계산했을 때 아주 작은 것까지 치면 60만 개가 넘었어요."

라니의 대답을 듣고 수진이는 입을 떡하니 벌렸어.

60만 개라니! 우아, 어마어마하다. 그래도 저렇게 넓은 우주니까, 그 정도 쓰레기는 많은 게 아니지 않을까?

수진이가 그런 생각을 하고 있을 때였어. 갑자기 우주선 천장 쪽에서 빨간색 빛이 번쩍거리면서 알아듣기 어려운 말이 들려왔어. 모두 어리둥절한 표정이 되었지. 라니는 허겁지겁 수진이 뒤로 뛰어갔어. 그러고 나서 우주선 벽면에 다른 화면을 띄웠어.

화면에는 어떤 물체가 이쪽으로 날아오는 것을 표시해 주고 있었어. 저게 뭔가 싶어서 온 식구들은 유심히 보고 있었어. 라니는 안절부절못하면서 화면을 향해 다급하게 손을 움직이며 무언가를 파악했어. 수진이는 대체 라니가 왜 그러는지 궁금해서 슬쩍 물어보았어.

"라니. 무슨 일이 생겼어요?"

"아, 그게. 여러분에게 보여 드린다고 쓰레기 더미 쪽으로 너무 가까이 갔나 봐요. 쓰레기 중 하나가 이쪽으로 날아오고 있는 것 같아요."

"네? 쓰레기가 날아오고 있다니요?"

"지름 3센티미터 정도 크기의 인공지능 파편으로 추정돼요. 확실해요. 우리 우주선으로 날아오고 있어요."

다급한 라니의 목소리를 듣고 수진이는 풋 하고 웃고 말았어. 지름 3센티미터면 별로 크지도 않은 쓰레기인데 왜 저렇게 호들갑을 떠나

싶었거든. 그러자 라니의 눈이 더욱 가늘어졌어.

"꼬마 친구. 웃을 일이 아니에요."

"아, 미안해요. 근데 3센티미터면 작은 건데 너무 걱정하지 말아요."

수진이의 말을 들은 라니가 한숨을 쉬었어.

"저 조그만 쇳조각이 여기로 시속 3만 5,400킬로미터 속도로 날아오고 있어요. 저 정도면 커다란 자동차 하나가 시속 100킬로미터로 우리 우주선으로 돌진하는 것과 같다고요."

수진이는 라니의 설명을 도통 알아들을 수 없어 고개를 갸우뚱했어.

라니의 설명에 깜짝 놀란 건 바로 수인 오빠였어. 수인 오빠가 과학 공부를 하면서 배운 뉴턴의 운동 법칙이 생각났기 때문이야.

뉴턴의 운동 법칙에 따르면 '속도가 빨라질수록 힘이 강해진다'고 했어. 수인 오빠도 사실 시속 3만 5,400킬로미터가 얼마나 빠른 속도인지 잘 몰라. 하지만 아빠 차가 고속도로를 달릴 때 보통 시속 80킬로미터 정도로 달린다고 말했던 게 떠올랐어. 그렇다면 시속 3만 5,400킬로미터는 상상조차 할 수 없을 만큼 빠른 속도가 아닐까? 그 속도로 날아오고 있다면 저 3센티미터짜리 쇳조각이 얼마나 힘이 강할지 알 수 있을 것도 같았어. 그런 것과 우주선이 부딪힌다면?

"우주선에 엄청난 타격을 주고, 우리도 위험해질지 몰라요."

라니의 말까지 들으니 수인이의 얼굴은 한층 더 창백해졌어. 그 작은 쓰레기가 그런 무시무시한 위력을 지녔다니 다리가 덜덜 떨렸지. 하필 얼마 전 아빠랑 같이 본 영화가 떠올랐어. 그 영화에는 우주에서 아주 조그만 볼트에 맞은 인공위성이 산산조각이 나는 장면이 나왔지. 지금 그거랑 비슷한 상황이 아닐까?

하지만, 수진이는 계속 영문을 모르겠다는 표정이었어. 수진이는 잠깐 뭔가 생각하더니 라니의 등을 툭툭 쳤어. 라니는 조금 예민한 목소리로 말했어.

"꼬마 친구, 무슨 일이죠? 지금 한참 정신없어요. 저 쇳조각이 우리 우주선에 부딪히면 큰 사고가 날지도 모른다고요."

수진이는 그런 라니를 보며 여유로운 얼굴로 말했어.

"라니는 구슬치기 안 해 봤어요?"

라니의 눈이 더 가늘어져서 거의 일자 모양이 되었어. 수인이도 수진이의 말에 허탈한 표정을 지었어. 난데없이 구슬치기라니? 외계인이 구슬치기를 해 봤을 리가 있겠어? 구슬치기는 요즘 친구들도 잘 안 한다구. 뭐, 수진이는 아빠에게서 구슬치기를 배우긴 했지만. 그런데 갑자기 라니에게 구슬치기는 왜 묻는 걸까?

이윽고 라니가 대꾸했어.

"그게 뭔지는 알아요."

라니는 정말 지구에 관심이 많았나 봐. 구슬치기가 뭔지 알고 있다니. 수진이가 냉큼 말을 이었어.

"구슬치기할 때 보면 구슬을 약간 비켜 치면 구슬 방향이 바뀌잖아요. 이런 우주선이면 아무리 작다고 해도 총 같은 걸 쏴서 저 우주 쓰레기를 약간 비켜 맞출 수 있지 않을까요?"

라니의 눈이 동그래졌어. 그리고 감탄사를 내뱉었지.

"아!"

"와, 대단하네. 내 동생."

수인이도 수진이를 보며 감탄했어. 왜 진작 그 생각을 못했을까?

라니가 보기에도 비슷한 속도로 무기를 발사해서 살짝 비켜 때리면 저 쇳조각이 우주선을 피해 가도록 할 수 있을 것 같았어. 계산만 잘하면 우주선에서 발사한 무기가 지구에 영향을 줄 일도 없을 거야. 스푸트니크별의 기술력이라면 이런 계산은 0.001초면 끝낼 수 있지.

라니는 곧바로 작업을 했어. 이내 계산을 끝내고 좌표를 맞춰 작은 레이저를 발사했어. 모두 진지한 눈으로 화면을 보았어. 레이저는 날아오는 쇳덩이를 비켜 맞추었어. 그 순간 화면에서 쇳조각의 방향을 알려 주던 붉은색이 사라졌어. 쇳조각이 레이더 밖으로 멀리 떨어져 나간 거야.

"푸우~."

레이더 밖으로 쇳덩이가 나간 것이 확인되자 라니는 이상한 소리를 냈어. 모르긴 몰라도 그건 분명 기쁨의 소리였을 거야. 수인이도 어깨를 뚝 떨어뜨리면서 한숨을 쉬었어. 가족 모두 이런 생각을 했어.

'우주 쓰레기는 정말 무서운 거구나.'

수인이는 지구를 뿌옇게 둘러싼 우주 쓰레기를 보며 공포감을 느꼈어. 만일 저런 게 지구로 떨어지면?

그때 라니가 침착하게 말했어.

"아직 완전히 안전지대로 나온 건 아니니까 빨리 달 쪽으로 움직여야겠어요."

사방에서 우우우웅~ 소리가 났어. 아마도 우주선이 빠르게 움직이려는 것 같았지. 그런데 오른쪽 창밖으로 반짝하는 빛이 나더니 갑자기 조금 전까지 있던 작은 위성 하나가 사라져 버렸어.

"아~ 저 위성은 피하지 못했나 보네."

라니가 안타깝다는 듯이 고개를 저었어. 아마 우리를 공격했던 파편들이 가동이 끝나 떠돌던 작은 위성에 부딪힌 모양이야. 위성은 산산이 부서져 보이지도 않았어.

"레이더에도 그 위성이 잡히지 않네요."

수진이와 수인이는 아무 말도 하지 못했어. 정말 그 작은 조각이 위성 하나를 순식간에 사라지게 만들었어. 레이저로 쇳조각을 맞추지 않았다면 어떤 일이 벌어졌을지 상상만 해도 끔찍했어.

"여기 있다가는 그 위성의 잔해가 날아올지도 모르니 서두를게요."

라니의 말을 듣고 수진이는 퍼뜩 정신을 차렸어. 작은 물체에 부딪혀 위성이 부서지면서 또 다른 쓰레기가 되어 우주를 떠돌게 된 거야. 그러면서 또 다른 물체에 부딪히면 더 많은 위험이 생겨나겠지? 우주로 계속 위성을 쏘아 올려도 되는 걸까?

"아빠, 왜 사람들은 인공위성을 계속 쏘는 거예요?"

수진이가 아빠에게 물었어.

"그건…… 인공위성으로 많은 정보를 알 수 있거든. 우리가 날씨를 미리 알아내서 자연재해에 대비하는 것도 인공위성 덕분이야. 자동차를 운전할 때 쓰는 내비게이션도 인공위성으로 받은 정보로 길을 알게 되는 거란다. 인공위성의 수가 많아야 정보도 더 정확해지지."

수진이는 아빠의 말을 듣고 고민에 빠졌어. 인공위성이 많아야 우리가 받을 정보나 도움도 늘어난다고 해. 하지만 인공위성을 많이 쏘면 저렇게 우주 쓰레기가 많아질 텐데 어떻게 하면 좋을까 싶었지.

드넓은 우주에
별이 아니라 쓰레기가?
우주 쓰레기는 무엇일까요?

지구에 넘쳐나는 쓰레기 때문에 골치가 아픈데 우주에까지 쓰레기가 많이 있다고? 먼 우주에 있는 쓰레기까지 신경 써야 한다니 너무 머리가 아파. 하지만 동화에서 보았듯이 우주 쓰레기는 인간이 만들어 놓은 것이기도 해. 그렇기 때문에 반드시 인간이 해결해야 할 과제야. 혹시 우리가 사는 지구도 아니고 우주 밖에 있는 쓰레기는 좀 놔둬도 되지 않을까 생각한다면 그건 잘못된 생각이야.

1978년 도널드 케슬러 박사가 한 가설을 발표했어. 바로 우주에 있는 쓰레기가 다른 위성 등에 충돌하면 연쇄적으로 충돌을 일으키게 돼. 그 결과 지구 주변이 우주 쓰레기로 가득 차게 될지도 모른다는 내용이었지. 이걸 '케슬러 증후군'이라고 해. 사람들은 이때부터 우주 쓰레기에 대해 관심을 두고, 고민하게 됐지. 드넓은 하늘에 떠 있는 것이 별이 아니라 쓰레기라면 하늘을 올려다보기 싫어질지도 몰라.

우주 쓰레기는 무엇일까?

우주 쓰레기는 '인공 우주 물체'의 한 분류야. 인공 우주 물체는 우주 공간에서 특정 목적으로 사용하려고 설계하고 제작한 물체야. 현재도 운용하고 있는 것도 있고, 지금은 운용하지 않는 것도 있지. 인공 우주 물체로는 인공위성, 로켓, 발사체와 이들과 관련된 우주 잔해물 등이 있어. 여기서 말하는 우주 잔해물이 바로 우주 쓰레기야.

위성이나 우주선을 지구 밖으로 쏘아 올리는 것에는 성공했지만 제대로 작동하지 못하거나, 지구로 돌아오지도 못하거나, 인공위성이 원

★우주 쓰레기가 된 뱅가드 1호. 뱅가드 1호는 1958년 발사 이후 50년 이상 궤도를 돌고 있어. 1964년 통신은 두절되었지만, 궤도에는 240년 이상 머무를 거야.

래 있기로 한 대기권 바깥 궤도에 안착하지 못한 것들도 쓰레기가 돼.

또 위성이나 우주선이 우주로 올라가서 폭발하는 일이 생기기도 해. 그 원인으로는 우주 부유물과 충돌하거나, 내부 기관이 고장 나거나, 오랜 시간 운행하다 보니 기기가 부식되는 등 무척 다양하지. 이때 생긴 파편도 지구로 떨어지지 않은 것은 우주에 남아.

혹은 우주 왕복선이나 우주 정거장에서 수리하기 위해 우주로 나간 우주 비행사가 실수로 떨어뜨린 공구나 부품도 아주 위험한 쓰레기가 돼. 그러니까 인간이 만든 창조물 가운데 이제는 쓸모가 없어진 채 지구 대기권 밖에 여전히 남아 있는 것. 이것들을 전부 우주 쓰레기라고 생각하면 될 거야.

우주에 있는 쓰레기가 왜 문제일까?

이 우주 쓰레기는 지구 밖에 있어. 즉 지구 근처 우주를 떠돌고 있지. 우리 눈에 보이지도 않고, 지구에 있는 쓰레기도 아닌데 별문제가 아니지 않냐고 할 수도 있어. 하지만 우주에 있을지라도 우리가 만들어 낸 인공 쓰레기이므로, 신경을 써야만 해. 게다가 이 우주 쓰레기

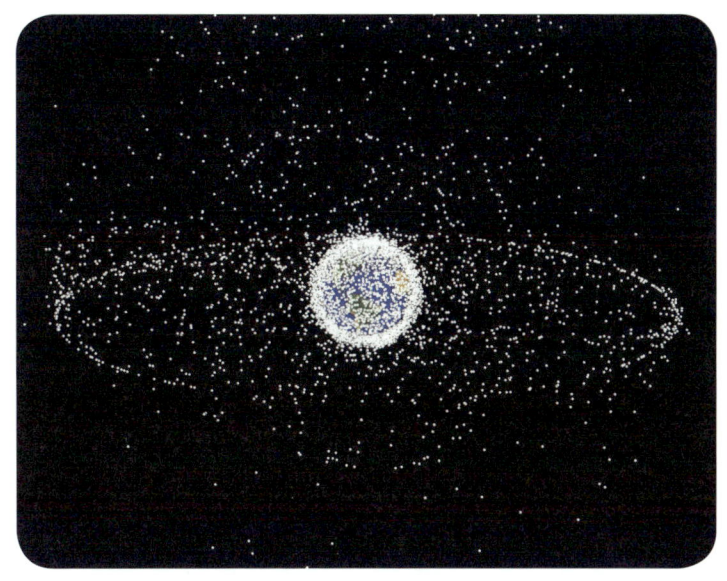

★우주 쓰레기의 모습. 반지 모양을 띈 지구 정지 궤도의 쓰레기들과 지구 근처를 덮고 있는 지구 저궤도의 쓰레기들이야.

는 실제로 우리에게 영향을 끼치고 있기도 해.

  1981년에는 우주 쓰레기로 인해서 소련에서 발사한 인공위성 '코스모스 1275'가 부서지는 사고도 있었어. 그 후 전 세계가 우주 쓰레기 문제에 대해 고민하고 있지. 왜 이런 사고가 일어났을까? 우주를 날아다니는 것들은 영원히 우주를 떠돌고 있을까? 아니야. 이 중에서 지구로 떨어지는 물체들도 꽤 많아. 우리가 우주 쓰레기에 관심을 기울여야 하는 이유야.

지구 주변을 날아다니는 인공 우주 물체 중 지름이 10센티미터 이상 되는 게 2만여 개 정도 있어. 그리고 지금까지 지구로 떨어진 것만 2만 5,000개 정도야.

작은 크기의 물체는 우주 공간 속에서 충돌 사고를 일으킬 수 있어. 작은 크기의 물체들이 움직이는 속도는 무려 초속 10킬로미터야. 이 정도 속도로 움직이는 물체가 우주인이나 인공위성하고 충돌한다면 어마어마한 사고를 일으킬 거야.

게다가 이제는 운용하지 않는 큰 물체의 경우, 우주 공간 속에서 충돌하는 것은 물론 지구로 추락하면서 사고를 일으킬 수도 있어.

2006년에 NASA에서 우주 쓰레기가 얼마나 늘어나는지 시뮬레이션을 해 본 적이 있어. 15년 전에 계산한 것이지만 그 결과는 예사롭지 않아. 시뮬레이션의 결과를 보면 이후 새롭게 인공위성이나 로켓 등을 발사하지 않아도 2055년까지는 계속 수치를 유지하다가 스스로 점점 많아진다고 해.

2009년에는 10년 안에 우주 쓰레기양이 2배가 되고, 50년 안에 4배로 늘어날 거라고 예측되었어. 2011년에는 이미 지구 궤도에 있는 우주 쓰레기양이 한계점에 달했다는 연구 결과도 나왔어. 이제 더 이상 우주 쓰레기를 그냥 두어서는 안 되는 시기가 된 거야.

지구를 위협하는 우주 쓰레기!

우주 쓰레기가 우주에서만 위험하다고 생각하면 안 돼. 큰 물체들은 지구로 떨어지는 경우도 있기 때문이야. 우주 쓰레기는 위성이 돌고 있는 높이와 비슷한 고도 500~1,000킬로미터(저궤도)와 3만 6,000킬로미터(고궤도) 부근에 밀집해 있어. 여기에서 돌아다니다가 움직이는 속도가 줄면서 점점 고도가 낮아지게 돼. 그러다가 고도 200킬로미터 높이 정도까지 내려오면 며칠 내로 지상에 떨어지게 되거든.

크기가 작은 물체라면 지구 대기권에 진입하면서 분해되고 불타면

서 사라져. 하지만 커다란 물체는 일부가 땅으로 떨어질 수도 있어. 무게가 1톤 이상인 인공 우주 물체나, 기술의 발달로 열에 강한 소재를 사용한 물체라면 조각의 10~40퍼센트 정도가 빠르게 땅이나 바다로 떨어지게 돼.

실제로 2018년 4월 2일 중국에서 만든 톈궁 1호가 지상으로 떨어지는 일이 있었어. 톈궁 1호는 무인이나 유인 우주선과 우주에서 연결하는 연습을 하려고 만든 우주 정거장이었어. 크기가 워낙 커서 대기권에서 모두 불타지 않고 잔해가 남을 수 있다고 보았거든. 무게가 무려 8톤 이상이었어.

거기다 떨어질 때까지 추락 지점을 정확하게 계산하지 못해서 많은 나라가 두려움에 떨었어. 실제로 추락하기 하루 전까지도 우리나라가 추락 예상 지점에 들어 있었지. 만약 지름 30미터짜리 물체가 우주에서 지구로 떨어진다면 도시 하나 정도는 파괴될 수 있대. 정말 어마어마한 위력이지. 인공위성 잔해는 그렇게 큰 것이 없고 대부분 대기권에서 소멸하지만 말이지. 다행히 톈궁 1호의 잔해는 남태평양에 떨어졌어. 이를 지켜보던 많은 나라가 가슴을 쓸어내렸지.

사실은 1969년에도 미국의 80톤짜리 인공위성이 호주 서부로 떨어지는 사고가 있었어. 2006년에는 러시아의 정찰 위성이 추락해서 태평양 상공으로 떨어졌어. 그때는 승객 270명을 태우고 비행하던 라틴 아메리칸 에어버스 비행기와 충돌할 뻔했다고 해.

2016년에는 유럽 우주국에서 운영하던 인공위성에 우주 쓰레기 파편 하나가 충돌했어. 크기가 1밀리미터밖에 되지 않아서 큰 피해는 없었지만, 그 작은 우주 쓰레기로 인공위성이 40센티미터나 파손됐지. 만일 파편이 1센티미터였으면 위성이 파괴됐을 거라는 추측도 했어.

다행히 아직 우주 쓰레기 때문에 인명 피해가 일어난 적은 공식적으로 없다고 알려졌어. 하지만 2003년 미국의 우주 왕복선 컬럼비아호가 폭발해서 승무원이 모두 사망한 사고가 일어났는데, 이 사고 원인을 우주 쓰레기로 보는 사람들도 있어. 이제 우리는 우주 쓰레기와 충돌할 우려는 물론이고 지상으로 추락하는 것도 걱정해야 해.

우주 쓰레기의 현재 모습이 궁금하다면 영국의 항공 우주 엔지니어 스튜어트 그레이 박사가 만든 영상을 보면 어느 정도인지 실감 날 거야. 유튜브에서 'Space Debris: 1957−2015'을 검색하면 영상을 볼 수 있어. 눈으로 직접 보면 얼마나 심각한지 금방 알아차릴 수 있겠지?

동영상 주소: https://youtu.be/wPXCk85wMSQ

★이 QR 코드를 스캔하면 'Space Debris: 1957-2015' 영상을 볼 수 있어.

○ **우주 쓰레기를 별로 착각하는 경우도 있었어!**

2002년 9월 천문학자들은 지구를 돌고 있는 10~50센티미터 크기의 미확인 천체를 보았어. 이것이 지구의 세 번째 위성이 될지도 모른다며 'J002E2'라는 이름까지 붙이고 좋아했지. 그런데 알고 보니 그것은 그냥 쓰레기였어. 과학자들만 새로운 위성인 줄 알고 기뻐하다 쓰레기임을 알게 되고 머쓱해졌지.

뉴턴의 운동 법칙이 왜?

동화에서 수인이가 우주에서 파편이 날아오는 것을 보고 놀라는 장면 기억나? 거기서 뉴턴의 운동 법칙이라는 말이 나오지? 뉴턴의 운동 법칙은 세 가지 법칙으로 정리해. 관성의 법칙, 힘과 가속도 법칙, 작용과 반작용의 법칙이지. 수인이는 아마 제2법칙인 힘과 가속도의 법칙을 떠올렸을 거야.

사실 정말 우주에서 날아오는 물체의 힘을 제대로 계산하려면 뉴턴의 운동 법칙만으로는 해결할 수 없어. 훨씬 복잡한 수식을 써야만 하거든. 왜냐면 우주 환경의 중력을 정확하게 알지 못하기 때문에 중력 가속도를 간단하게 계산하기도 힘들거든. 게다가 날아오는 물체의 크기만 알고 있지 질량도, 무게도 확실하게 알고 있는 것이 없잖아.

하지만 시속 3만 5,400킬로미터는 정말이지 어마어마한 속도야. 이걸 초속으로 변환하면 무려 1초에 9.8킬로미터 정도를 날아가지. 아무리 작은 조각이라도 이런 속도로 날아가는 것과 부딪힌다면 큰 충격을 받을 거야.

수진이가 말한 구슬치기 아이디어도 실제로 구현하려면 많은 계산이 필요해. 구슬치기처럼 간단할 것 같지만, 날아오는 물체를 빗맞혀서 방향을 정확하게 바꾸는 것도 실은 엄청나게 복잡한 계산을 해야 가능하거든. 그렇게 짧은 시간에 그 어려운 계산을 해낸 걸 보면 라니의 우주선에 있는 컴퓨터는 아마도 슈퍼컴퓨터였을 거야.

아무리 어려운 계산이라도 기초부터 차근차근 공부하면 언젠가는 해결할 수 있겠지? 자, 그럼 이 모든 계산의 기본이 되는 뉴턴의 운동 법칙에 대해 살펴볼까?

먼저 뉴턴의 제1법칙 '관성의 법칙'은 '외부의 힘이 없다면 정지해 있는 물체는 항상 정지해 있고 움직이고 있는 물체는 항상 같은 방향, 같은 속도로 움직이려고 한다'는 거야. 그러니까 공기의 저항과 중력이 없는 우주 한복판에서 화살을 쏘면 화살이 한 방향으로 끊임없이 날아간다는 이야기지.

제2법칙은 뭘까? 바로 '가속도의 법칙'이야. 운동하고 있는 물체의 힘은 그 물체의 질량에 가속도를 곱한 것과 같다는 내용이야. 어떤 물체에 힘(F)이 작용하면 힘의 방향으로 가속도(a)가 생기고 이때 가속도는 힘이 커질수록 같이 커지게 돼. 물체의 질량(m)이 커지면 당연히 가속도는 줄어들게 되지. 이걸 수식으로 하면 $F=ma$라고 표현할 수 있어.

다시 말해서 물체의 질량과 가속도를 곱하면 힘을 구할 수 있는 거야. 수학 공부를 조금만 했다면 가속도를 구하려면 힘을 질량으로 나누면 된다는 것도 알겠지? 예를 들어서 야구 방망이를 천천히 휘두르는 것보다 빠르게 휘둘러서 공을 쳤을 때 공이 더 멀리 날아갈 수 있다는 거야. 그런데 야구 방망이의 무게가 무거워지면 휘두르는 속도는 줄어들겠지?

마지막으로 제3법칙은 '작용과 반작용의 법칙'이야. 작용과 반작용은 힘의 크기가 같지만 작용하는 방향은 반대라는 이야기지. 예를 들면 바퀴가 달린 의자에 앉아 벽을 손으로 민다고 해 보자. 이 경우 실제로 의자가 움직이지는 않아도 우리가 벽을 손으로 미는 힘이 '작용'하고 있어. 다만 벽 또한 동일한 크기의 힘으로 우리를 버텨 내고 있어서 우리가 벽을 밀어도 벽이 움직이지 않는 거야. 이때 벽이 우리를 버텨 내는 힘의 방향은 우리가 벽을 미는 방향의 '반대'이기 때문에 '반작용'한다고 말해.

예를 들어 제트기가 위로 치솟는 힘이 작용하는 방향이라면, 아래쪽에서 가스가 뒤로 뿜어지는 힘은 반대로 작용하는 방향인 셈이지.

우주 쓰레기의 위협이 시작됐다!

한 차례 큰 위험이 지나고 나니 다들 다리가 풀렸어. 수인이는 한숨을 내쉬면서 자리에 털썩 앉았어.

"특히 최근 들어 이런 일이 자주 일어나요. 실은 어제도 천문대에 못 갈 뻔했어요. 아직은 계산을 잘하면 저 정도 쓰레기를 피해서 지구로 들어갈 수는 있어요. 하지만 우주 쓰레기는 점점 많아지고, 돌발 상황은 언제든 벌어질 수 있으니까요. 아마도 이번이 지구에 온 마지막 방문이지 않을까 합니다."

수진이는 라니의 말을 듣고 아쉬운 마음이 들었어. 처음으로 외계인 친구가 생겼다고 생각했는데 다시는 오지 않는다니까 엄청 서운했지. 그건 다른 식구들도 마찬가지였어. 이 우주 쓰레기가 그렇게 심각한 건가? 수인이가 조심스럽게 물어봤어.

"지구의 우주 쓰레기 때문에 라니의 우주선에 사고가 난 적이 있었어요?"

"다행히 우리 우주선이 그런 적은 없었어요. 아까 전처럼 위험한 일도 오늘이 처음이었어요. 하지만 사고를 직접 목격한 적은 있어요. 그게 언제였더라."

라니는 또다시 손에서 빔을 허공에 쏘더니 화면에서 뭔가 막 찾기 시작했어. 그러다가 무언가를 발견하고는 우주선 유리창으로 영상을 띄웠어. 그 영상에는 두 개의 물체가 우주에서 부딪혀 폭발하는 장면이 나오고 있었어. 수진이네 가족은 깜짝 놀랐어. 화면 속 영상이 진짜 눈앞에서 폭발이 일어나는 것처럼 보였거든.

"이게 2009년 2월이었네요. 저희도 근처에 있지는 않았지만 당시에 파편이 엄청나게 많이 나와서 예정보다 일찍 우리 별로 돌아갔죠. 그러고는 한참 동안 지구에 오지 않았어요. 몇 년 후에 다시 왔을 때는 더 많은 위성이 지구를 둘러싸고 있더라고요. 쓰레기도 더 늘었고요."

그 사고는 아빠도 아는 사고였어. 우주와 관련된 일을 하는 사람은 다들 아는 사건이지.

아빠는 바닥에 앉아 그날의 일을 떠올리려는지 잠시 생각에 잠겼어. 수수는 피곤했는지 아빠 품에 들어가 몸을 말고 잠이 들었어. 아빠는 천천히 이야기를 시작했어.

"2009년에 아빠가 연구원에서 일을 하고 있을 때 속보가 나왔어. 우주에서 충돌이 일어났다는 거야. 사실 그 전에도 우주에서 충돌이 없었던 건 아니야. 이미 네 번이나 소진된 로켓이나 위성 부품끼리 부딪힌 적이 있었거든. 근데 이번에는 뭔가 다르다는 거야. 다들 급하게 관제실로 뛰어갔지. 뉴스에서는 미국과 소련의 위성이 부딪혀서 폭발했다는 속보가 나오고 있었어."

"어? 2009년이면 제가 태어났을 때네요."

수진이의 말에 아빠는 고개를 끄덕였어. 자신이 태어난 해에 그런 무서운 일이 있었다니. 아빠의 말에 라니도 꽤 관심이 있는 눈치였어. 라니도 직접 목격하긴 했지만 어떻게 된 일인지 내용까지는 몰랐거든. 모두 아빠의 이야기에 귀를 기울였지.

"그게 2월 10일이었어. 날짜도 잊어버리지 않아. 미국 이리듐사에서 만든 통신 위성 이리듐 33호하고 러시아의 통신 위성 코스모스

2251호가 충돌한 거야."

당시 이리듐 33호는 이미 우주로 날아간 지 12년이나 된 위성이었어. 코스모스 2251호는 더 심각해서 당시에 작동이 완전히 정지된 상태였지. 그런 상황으로 계속 지구 주변을 돌고 있었던 거야.

"두 위성이 충돌한 후에 그 아래였던 시베리아 타이미르반도 상공에는 부서진 잔해가 뭉쳐 있는 거대한 파편 구름이 관측됐다고 해."

세상에, 우주에서 일어난 사건이 지구에서도 보였던 거야.

"그 두 위성의 무게가 각각 500킬로그램과 900킬로그램 정도 되었어. 그렇게 큰 물체 두 개가 충돌해서 폭발했으니 지구에서도 보인 거야."

아빠의 말을 듣고 수진이는 마음이 무거워졌어. 그 충돌로 얼마나 많은 파편이 생겨나서 사방으로 날아갔을까?

"파편은 어디로 어떻게 날아갔는지 찾지도 못했다고 해. 지금도 그때를 생각하면 끔찍해."

그 일이 있을 때 수진이는 아직 엄마 배 속에 있었지. 수진이는 곰곰이 생각하다 물었어.

"그때 생긴 파편이 아직도 우주에 남아 있을까요?"

그러자 이번에는 라니가 대답했어.

"아까 우리를 공격했던 작은 파편이 그때 그 파편일지도 모르지요."

수진이는 라니의 말을 들으니 등에 소름이 돋는 것 같았어. 나와 같은 해에 생겨난 우주 쓰레기가 내내 우주를 떠돌다 지금 우리를 공격했을 수도 있다니.

"아무리 과거에 있었던 일이라도 우주에서는 안심할 수가 없단다. 실제로 당시 일어났던 폭발의 잔해가 우리나라 인공위성 아리랑 2호의 114미터 근방까지 다가간 적도 있었어. 아리랑 3호는 우주 쓰레기가 73미터 근방까지 다가온 적도 있었고. 이게 부딪혔다면 우리나라는 위성 하나를 고스란히 잃게 되는 거지."

수인이는 아빠의 설명에 깜짝 놀랐어. 다시 한번 창밖을 바라봤지. 지구 주변에 떠 있는 저 많은 물건이 그렇게 위험한 거라니.

그래도 우주에서 폭발해서 다행이다. 만일 지구에서 폭발이 일어났다면? 아휴, 생각만 해도 끔찍해.

"저런 우주 쓰레기가 위험한 이유는 또 있어요. 우주로 나갈 길을 막거나 하늘을 가릴 수 있거든요. 우리 별 역시 한때는 우주 쓰레기 때문에 별 밖으로 우주선을 보내지 못했답니다. 지금은 여러 가지 기술을 개발해서 많이 해결했지만 당시에는 걱정이 많았어요."

라니의 말을 듣고 수진이는 물론 수인이도 눈이 휘둥그레졌어. 하늘에 우주 쓰레기가 너무 많아 우주로 나아가지 못한다는 건 상상도 못한 일이야. 그런데 라니의 별에서는 그런 일이 실제로 일어났었다니.

라니는 차분한 어조로 자기 별 이야기를 들려주었어. 라니의 별도 한동안 우주 쓰레기 때문에 무척 고민이 많았다고 해.

라니의 별에서 과학이 발전하면서 수많은 위성과 우주선들을 쏘아 올렸어. 무분별한 개발이 환경을 파괴하면서 오존층에 구멍이 뚫렸고, 결국 대기권이 얇아지면서 우주 쓰레기가 타지 않고 그대로 떨어지는 사태까지 일어났어. 농작물도 잘 자라지 않고 동식물이 자꾸 죽어가 과학자들은 결국 앞으로 살아갈 새로운 별을 찾기로 결정했지. 하지만 생각지도 못한 난관에 부딪혔어. 라니의 별 밖은 우주 쓰레기로 가득해서 우주로 나갈 수가 없었던 거야.

"우리 별 사람들은 이제 꼼짝없이 별에 갇혀 죽게 됐다고 생각했어요. 아무리 과학 기술이 발전했다고 해도 쉽게 해결할 수 없는 문제였지요. 우주 쓰레기가 얼마나 심각했냐면 태양 빛까지 가릴 정도였어요."

그러다 천만다행으로 한 과학자가 견인 광선을 발명해냈어. 견인 광선의 원리는 이러했어. 지상에서 견인 광선을 쏴서 쓰레기 일부를 별 안으로 끌어당겼어. 별 안으로 끌어당겨진 쓰레기 일부는 대기권에 머물면서 불탔어. 그렇게 쓰레기를 소각한 거지. 하지만 모든 쓰레기를 별 안으로 끌어오는 건 불가능했어.

견인 광선을 써서 쓰레기를 좀 치우고, 쓰레기가 줄어든 공간 사이로 견인 우주선을 보냈지. 견인 우주선으로 우주 쓰레기를 수거하는 작업을 했어. 그렇게 수십 년에 걸쳐서 쓰레기를 치운 거야.

지금 라니의 별에서는 다른 별을 찾는 노력을 기울이며, 동시에 오염된 별을 살리기 위한 일도 한대. 그런데 별을 오염시키기는 쉬워도 다시 살리는 건 쉽지 않은가 봐.

"우리 별은 지구보다 훨씬 작습니다. 우리가 지금 가려는 달보다 조금 큰 정도예요. 그래서 중력도 약하고요. 그래서 다행히 우주 쓰레기가 우리 별로 떨어지는 일은 많지 않았어요. 하지만 지구는 아마 우리보다 더 큰 위험이 생길지도 몰라요."

라니는 지금이라도 지구인들이 우주 쓰레기의 심각성을 깨닫고 해결 방법을 찾아야 한다고 충고했어. 라니의 말을 듣고 엄마도 고개를 끄덕였어.

"맞아. 라니의 말대로 우리도 조심해야 해. 저 쓰레기들이 언젠가 우리 머리 위로 떨어질 수도 있다는 걸 명심해야 해."

엄마의 말을 듣고 수인이는 놀란 얼굴이 되었어. 엄마 무릎에 앉아 있던 수진이도 엄마를 올려다봤어. 둘 다 엄마의 말을 잘못 들었나 싶

었거든.

"머리 위로 떨어진다고요? 우주 쓰레기가 지구에 있는 우리 머리 위로요?"

수인이는 도무지 이해할 수 없는지 재차 물었어.

"저 쓰레기는 영원히 계속 지구 주변을 맴도는 거 아니에요? 우주는 공기가 없으니까 저항이 없어서 계속 같은 속도로 움직이잖아요. 외부에서 힘이 작용하지 않으면 운동하는 물체는 계속 같은 상태로 운동을 한다고 배웠어요."

엄마는 수인이의 말에 빙긋 웃었어.

"우아~ 우리 아들 똑똑한데? 관성의 법칙 때문에 우주에 계속 맴돌 거라는 말이지? 그렇게 생각할 수도 있겠네. 네 말대로 우주에는 저항이 없으니. 하지만 지구에서 끌어당기는 중력이 있잖아. 그래서 쓰레기가 도는 힘이 약해지면 지구가 끌어당기는 힘 때문에 지구로 떨어지게 돼."

과학 기자인 엄마의 말이니 이건 믿을 만한 이야기일 거야. 엄마는 수인이에게 좀 더 설명을 해 주었어.

"우주에 있는 물체는 왜 지구로 떨어지지 않고 떠도는 걸까? 그건 물체가 지구 중력을 이길 만큼 빠른 속도로 지구 주위를 돌기 때문이야. 초속 7.9킬로미터가 넘으면 지구로 떨어지지 않고, 초속 11.2킬로미터보다 빠르면 아예 지구 궤도를 벗어나 태양계로 튀어 나가거든. 그러니 그 사이의 속도로 돈다면 지구 주변을 떠돌 수 있게 돼. 여기에 보이는 위성이나 우주 쓰레기들도 다 이 정도 속도로 움직여. 아무튼 우리 아들 대단해."

수인이는 괜히 머쓱해서 머리를 긁적였지. 그런 수인이의 반응이 귀여워서 엄마와 아빠는 소리 내어 웃었어. 엄마와 아빠가 웃으니 수진이도 긴장이 풀리는 것 같았어.

하지만 라니만은 이해를 못 하겠다는 눈치였어. 수수는 잠에서 깨어서 왈왈 짖었어. 그 바람에 우주선 안이 이내 소란스러워졌지. 그 사이 우주선은 지구에서 조금 떨어졌는지 지구 모습이 더 작게 보였어. 멀리서 보니까 쓰레기도 잘 보이지 않고 지구는 정말 평온하게만 보였어. 웃음소리가 잦아들고 아빠는 진지한 목소리로 말했어.

"그런데, 수인아. 사실은 우주 쓰레기에 맞은 사람도 있단다."

아빠의 말에 수인이의 눈은 휘둥그레졌어.

"사람이 우주 쓰레기에 맞았다고요?"

믿을 수 없는 말이었어. 하지만 아빠는 고개를 끄덕였지. 수인이는 아무 말도 나오지 않았어. 저렇게 빠른 속도로 움직이는 우주 쓰레기에 맞았다면 그 사람은 분명 그 자리에서 죽지 않았을까? 그런 생각이 들었는지 수진이도 엄마의 옷깃을 꼭 쥐었어.

"1997년에 있었던 일이야. 미국 '델타' 로켓의 파편이 미국 오클라호마주 털사에서 길을 걷고 있던 여성의 어깨에 떨어졌어. 다행히 그 사람은 크게 다치지는 않았어. 수인이 말처럼 우주에서는 공기가 없어서 저항이 없지만 지구로 들어오면 공기가 있으니까 저항이 생기잖아? 그때도 파편이 15센티미터 크기였지만 얇고 가벼워서 바람을 타고 날아오면서 속력이 많이 줄었어. 그래서 사람에게 해를 끼칠 만큼 위험하지 않았던 것 같아."

아빠의 설명을 듣고 수진과 수인이는 동시에 안도의 한숨을 내쉬었어. 그런데 만일 더 큰 물체가 떨어진다면 문제가 심각해질 수도 있지 않을까?

이번에는 엄마가 이야기를 해 주었어.

"수인이 말대로 우주에는 공기가 없어. 하지만 지구가 잡아당기는 중력은 작용하잖아? 우주 쓰레기는 별다른 동력이 없기 때문에 언젠가 속도가 점점 줄고 말아. 힘이 약해지면서 중력에 끌려 땅으로 떨어지게 되는 거지. 엄마가 기사를 쓸 때 조사해 봤는데 2018년까지 지구 표면에 떨어진 인공 우주 물체 파편은 총 질량이 약 5,400톤 정도 된다고 해."

5,400톤이라니, 구체적으로 알 수는 없지만 그게 어마어마한 양이라는 건 알 수 있었어. 쓰레기가 우주에 있다고 해서 절대 안심할 수 없었지.

라니는 엄마가 이야기를 하는 사이에 방을 나갔어. 방 안에는 수진이네 식구들만 앉아 있었지. 우주 쓰레기가 지구로 떨어질 수 있다는 말을 들으니 모두 조용해졌어. 식구들이 심각한 표정을 짓고 있으니까 수수가 수진이의 얼굴을 핥아 줬어.

그때 또다시 창에 붉은색이 돌면서 아까 들렸던 경보음이 들렸어.
"어? 쓰레기에서 한참 떨어져 있는데 또 뭔가 날아오나?"
아빠가 서둘러 창을 바라보았어. 수진이도 창에 보이는 정보 내용

을 유심히 살펴보았어. 화면에는 인공위성에서 떨어져 나온 것처럼 생긴 노란색 쇳조각이 보였어. 그게 어디론가 빠르게 이동하고 있었는데 자세히 보니까 지구로 떨어지고 있었어. 화면은 우주 쓰레기 중 하나가 지구로 떨어지는 영상을 보여 주고 있었던 거지.

"어맛, 저걸 어째. 어디로 떨어지고 있는 거야?"

엄마가 깜짝 놀라서 소리쳤어. 조각은 얼핏 보기에 꽤 커 보였어. 그래서 어디로든 떨어지면 큰 문제가 생길 것 같았어. 그런데 조금 있다가 그 조각은 벌겋게 변하더니 불덩이가 됐어. 불이 꺼진 후에는 조각이 사라졌어. 아빠가 한숨을 내쉬며 말했어.

"다행히 대기권에서 타 버렸나 보다."

대기권이라면 지구를 둘러싸고 있는 공기층을 말해. 아마 그 공기층을 통과하면서 조각이 불타서 재가 됐나 봐.

수인이는 아빠의 말을 듣고 학교에서 배운 것이 떠올랐어. 우주에서 떨어지는 물체가 대기권을 빠른 속도로 내려오면 단열 압축 효과가 생기면서 타 버린다는 내용이었지. 말도 어렵고 무슨 뜻인지 잘 이해되지 않았는데 이렇게 직접 눈으로 보니까 어떤 상황인지 잘 알 수 있었어.

그때 라니가 과자를 들고 들어왔어. 수진이와 수인이는 눈을 반짝이며 라니 곁으로 쪼르르 다가갔지. 드디어 외계인이 먹는 과자를 맛보는 건가!

"잉? 맛 좋고 건강에도 좋은 강원도 강냉이?"

"네. 이거 정말 맛있어요."

"라니. 아무리 그래도 우주에서 강원도 강냉이는 좀 깨네요."

수진이는 입을 쭉 내밀며 라니가 내민 강냉이를 우물거렸어. 라니는 눈꼬리를 아래로 내려 그런 수진이를 웃는 듯 보았지. 그러다 라니는 화면을 보며 말했어.

"혹시 몰라서 우주 쓰레기가 지구로 떨어질 때마다 알림이 오도록 설정해 놨어요. 방금도 하나가 떨어졌죠? 요즘은 자주 떨어지는 것 같아요. 2018년에는 우주 정거장 하나가 떨어져서 걱정했는데 큰 문제는 없었던 것 같아요."

라니가 이야기한 사건은 아마 2018년 4월 12일 오전에 칠레 서쪽 바다에 추락한 중국의 우주 정거장 '톈궁 1호'를 말하는 것 같아. 그때도 전 세계가 이 우주 정거장이 추락하는 소식에 대해 온 신경을 곤두세웠거든.

라니가 알림까지 해 놓다니 아무튼 이 우주 쓰레기가 정말 골칫덩이인 모양이야.

우주 쓰레기가 우리에게 어떤 피해를 끼칠까?

우주에 버려진 쓰레기는 지구 밖 우주에 있기 때문에 우리에게는 별다른 피해를 주지 않는다고 생각할 수도 있어. 하지만 말 그대로 지구 밖 우주에 있기 때문에 우주 쓰레기는 우리가 미처 예상하지 못하는 피해를 줄 수가 있어. 바로 공기가 없는 우주 공간의 속성 때문이지.

우주에서는 저항이 없어서 한 번 움직이기 시작하면 강제로 정지시키지 않는 한 무한히 움직이게 돼. 그래서 우주 쓰레기도 아주 오랫동안 지구 주위를 돌게 되지. 단지 지구가 끌어당기는 중력 때문에 고도가 조금씩 낮아지고 있을 뿐이야.

우주 쓰레기 충돌 연쇄 반응? 케슬러 증후군

　도미노 가지고 놀아 본 적이 있니? 수많은 블록을 세워 놓은 후에 맨 끝에 있는 하나를 톡 쳐서 쓰러뜨리면 모든 블록이 차례대로 '촤라라락' 하는 멋진 소리를 내면서 쓰러지지. 케슬러 증후군은 우주 쓰레기의 도미노라고 생각하면 쉬워. 하지만 도미노처럼 일렬로만 반응이 일어나는 건 아니지.

　케슬러 증후군은 NASA의 과학자 도널드 J. 케슬이 1978년 제시한 시나리오야. 그가 이야기한 이론에 따르면 바로 이런 일들이 일어날 수 있어. 지구의 저궤도, 그러니까 지구의 대기권에 비교적 가까운 곳에 있는 우주 쓰레기들이 서로 충돌해서 잔해가 생기고 그 잔해가

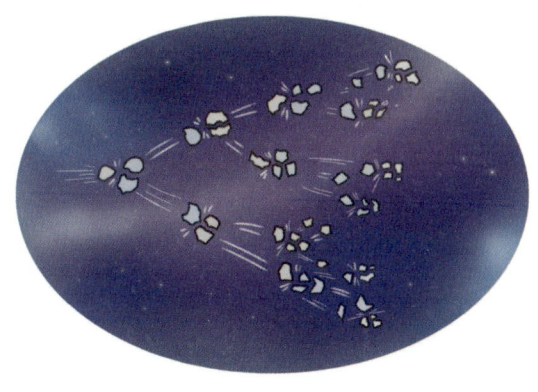

또 다른 우주 쓰레기에 부딪혀 또 다른 잔해가 생기는 과정이 계속해서 이어지는 것이지. 이러한 현상을 바로 케슬러 증후군이라고 말해.

우주 공간이 얼마나 넓은데 우주선의 조각들이 몇천 개 정도 있다고 해서 연쇄 충돌을 일으킬까 싶을 거야. 아니 충돌하는 것 자체가 불가능하다고 생각할 수도 있어. 하지만 대부분의 우주 쓰레기가 저궤도에 몰려 있다는 것이 문제야. 거기다 이 잔해들의 속도가 워낙 빠르다 보니 스치기만 해도 엄청난 사고로 이어질 수 있는 거지.

1980년대에 미 공군은 파편이 위성 또는 다른 파편과 충돌할 경우에 어떻게 될지를 시뮬레이션해 보았어. 이 시연을 통해 결국 또 다른 파편이 발생하는 것을 확인했어. 1991년에는 케슬러가 다시 한번 실험 결과를 발표해. 10km/s로 날아가는 1킬로그램짜리 물체가 1톤짜리 우주선을 대파할 수 있다고 이야기했지.

케슬러는 우주 쓰레기와 충돌할 것에 대비하는 안전장치 없이 우주 공간에서 활동하는 건 더 큰 위험만 만든다고 했어. 단 한 번의 사고라 해도 파편이 퍼지면 또 다른 충돌로 이어지고, 점점 충돌이 일어나는 속도가 빨라질 거라고 예상했지. 이런 일들이 나중에 미래의 우주선에 더 큰 위험을 줄 수 있다는 거야. 그리고 여태껏 전 세계가 해 온 거의 모든 우주 개발 활동이 안전장치 없이 이루어졌다고 지적했지.

2013년에 개봉한 영화 〈그래비티〉를 보면 케슬러 증후군이 어떤 식으로 벌어지는지 볼 수 있어. 영화에는 인공위성 하나가 폭파하고 거기서 나온 우주 쓰레기가 다른 인공위성들과 충돌하면서 연이은 충돌을 일으키게 돼. 결국 주인공이 일하고 있는 우주 왕복선까지 파편들이 날아와서 덮치지. 거의 해일처럼 파편이 몰려오고 나중에는 그 파편들이 우주 정거장까지 파괴하는 장면도 나와.

1999년부터 2004년까지 연재한 《플라네테스》라는 SF 만화책이 있어. 일본 작가 유키무라 마코토의 작품인데 이 만화에는 우주 쓰레기를 청소하는 직업이 나와. 그 밖에도 우주 개발에 대한 다양한 상상력을 자극하는 이야기로 가득해. 애니메이션으로도 나왔으니까 한 번씩 봤으면 좋겠어.

우리는 우주 쓰레기로 인해 어떤 피해를 입었을까?

2014년 9월 13일, 우리나라의 '과학기술위성 3호'가 러시아의 기상 위성 '메테오르 1-10'에서 떨어져 나온 파편과 충돌할 수 있다는 경고가 나왔어.

미국 합동 우주 작전 본부에서 나온 경고라서 우리나라는 곧바로 대응 체제를 갖추고 상황을 분석했지. 13일 오후 5시경에 위성 근처까지 파편이 다가왔지만 다행히 충돌하지 않고 지나갔어.

우리나라 위성은 무사히 지나갔지만 우주 쓰레기 때문에 피해를 본 사례는 여러 가지가 있어.

우주 쓰레기의 습격이 시작되다

1980년에는 미국의 위성이 우주 쓰레기의 습격을 받았어. 발사한 지 얼마 되지 않은 태양 관측 위성 '솔라맥스'의 통신이 끊기는 사태가 일어났어. 미국은 이유를 모르고 그냥 위성을 잃어버렸다고 생각했지. 그러다 4년 후에 우주 왕복선 챌린저호가 솔라맥스의 기기판을 수거해 왔는데 거기에 구멍이 무려 150여 개나 나 있었어. 바로 우주 쓰레기와 충돌했던 거지.

일부러 우주 쓰레기를 만들어서 스스로 우주 쓰레기의 습격을 초래한 경우도 있어. 2007년 1월 중국은 직접 쏘아 올린 위성 '펑윈 1호'를 미사일로 요격했어. 그냥 요격 기술을 확인하기 위한 군사적인 시험이었어. 하지만, 우주 공간에 우주 파편이 3,000여 개가 새로 생겨 났지. 세계 각국에서 비난이 쏟아졌지만 중국은 별로 신경을 쓰지 않는 것 같아.

그런데 이 파편이 2013년 1월에 러시아의 과학 위성 '블리츠'를 습격했어. 당연히 블리츠 위성은 고장 나 버렸어. 이 결과는 미국 우주 표준 혁신 센터에서 분석해서 발표한 건데, 물론 중국 외교부는 절대 아니라고 부인했지.

국제 사회에는 '우주 물체에 의하여 발생한 손해에 대한 국제 책임에 관한 협약'이라는 것이 있어. 협약에 따르면 러시아 과학 위성이 중국의 위성 잔해에 의해 사고가 난 것이라면 중국이 고스란히 피해를 보상해야 하지. 책임을 인정할 경우, 국제적인 비난을 피할 수 없다고 판단했을 거야. 이 문제는 아직도 해결되지 않았어.

사실 우주 쓰레기는 대부분 작은 파편들이기 때문에 그게 어디에서 발생했는지 확인하는 것이 쉽지 않아. 그래서 자국의 위성 보호를 위해서라도 우주 쓰레기 문제를 해결하는 데 전 세계의 관심과 노력이 필요해.

우주에서도 교통사고가 일어난다고?

2009년에는 위성끼리 충돌한 사고가 일어났어. 미국 상업 통신 위성 '이리듐 33호'와 러시아 군사 통신 위성 '코스모스 2251호'가 2009년 2월 러시아 시베리아 상공 790킬로미터 부근에서 부딪힌 거야. 서쪽에서 동쪽으로 움직이던 '코스모스 2251호'가 남쪽에서 북쪽으로 움직이던 '이리듐 33호'의 옆구리를 들이받았어. 이때 생긴 우주 쓰레기는 무려 1,800개 정도라고 해.

이뿐만이 아니야. 다양한 우주 실험을 위해 러시아와 미국 등 세계 여러 나라가 함께 만든 국제 우주 정거장(ISS)은 날아오는 우주 파편을 피하려고 열 번 이상 도망 다닌 적도 있어. 우주 정거장이 도망을 다니는 걸 '회피 기동'이라고 해. 파편과 충돌할 염려가 있을 때 궤도 조정용 추력기를 작동해서 궤도를 수정하는 거야. 2011년 6월에는 실제로 국제 우주 정거장에서 생활하던 승무원 6명이 황급히 소유즈 우주선 2대로 대피하려고 준비하기도 했어.

★ 2011년 5월 30일 STS-134에서 찍은 국제 우주 정거장 모습이야.

지상에도 위협적인 우주 쓰레기

1977년에는 핵연료를 탑재한 옛 소련의 핵 추진 위성 '코스모스 954호'가 임무를 마치고 우주를 떠돌다가 캐나다 그레이트슬레이브 호숫가에 떨어졌어. 핵연료를 가지고 있었기 때문에 캐나다에서 추락한 호수 지역 일대에 제염 작업을 해야 했어. 캐나다는 추후 600만 캐나다 달러를 소련에 청구했어. 소련은 협상 끝에 300만 달러를 주는 걸로 합의했지.

이처럼 지난 50여 년간 대기권을 돌파해서 지상이나 바다에 떨어진 우주 쓰레기 파편은 약 5,400톤 정도로 추정해.

고의로 만드는 우주 쓰레기도 있다고?

그냥 가만히 있는 위성들도 위험한데 일부러 부셔서 파편을 만들기도 해서 문제는 더 심각해. 앞서 중국이 자기 나라의 위성을 직접 요격했다고 했었지? 그걸 ASAT(Anti SATellite Weapons)라고 해. 지구에서 우주에 있는 위성을 쏘아서 폭파하는 요격 무기 시험인데, 자국에 위험이 되는 위성을 추적하고 파괴하기 위해 개발하는 기술이야. 중국뿐만 아니라 미국, 러시아, 최근에는 인도까지 이 시험을 진행했어. 미국은 2008년에 실험을 했고, 인도는 2019년에 실험을 했어.

어지간히 자기 나라 위로 다른 나라 위성이 돌아다니는 것이 싫었나 봐. 하긴 적이 자신들의 위성을 우리나라 위에서 군사용으로 사용하는 행위는 위험한 일이야. 위성을 통해 여러 가지 정보를 빼낼 수도 있고 공격용으로 사용할 수도 있을 테니까. 인도가 ASAT 실험에 성공하는 것을 보고 다른 나라들도 실험에 나서게 될까 봐 우려스러워. 한쪽에서는 연쇄 충돌을 걱정하고 있는데 한쪽에서는 우주 쓰레기를 만들고 있다니 아이러니하지.

이야기 넷
우주 쓰레기 문제를 해결해야만 열리는 안전한 미래

 과자를 다 먹고 나니 라니는 재미있는 걸 보여 준다며 우주선을 다시 움직였어. 우주 쓰레기 쪽으로 살짝 다가가서는 한 망가진 위성을 손으로 가리켰어. 수진이네 가족들이 그 위성을 바라보았지. 그러자 우주선 아래에서 레이저 같은 빔이 쭈욱 나가더니 망가진 위성에 딱 붙었어. 그런 다음에 그 위성을 쭉 끌어당기기 시작했어.
 수진이와 수인이의 눈이 휘둥그레졌어. 아빠는 감탄하며 물었어.
 "저게 뭔가요?"

라니는 아빠의 질문에 슬쩍 웃으며 이야기했어.

"우리는 사실 우주를 돌아다니면서 그 행성의 기술들을 모아서 분석하는 일을 해요. 그 일을 하면서 살기 좋은 별을 찾는 과학자입니다. 지구에서도 오랫동안 왔다 갔다 하면서 여러 가지 샘플을 수집해 가고 있어요. 최근에는 이 우주 쓰레기 중에서 쓸 만한 것을 가져다 분석하고 있지요."

수진이네 식구들은 조금 전에 본 견인 광선이 정말 신기했어. 라니네 별도 저 견인 광선으로 쓰레기를 처리한다고 했으니까. 저것만 있으면 지구 주변에 있는 쓰레기도 충분히 치울 수 있을 것 같았지.

라니는 호기심으로 눈을 반짝이는 수진이네 식구들을 보며 말했어.

"이 견인 빔은 무게와 상관없이 끌어당길 수 있어요. 음, 지구의 중력 같은 원리라고 보면 돼요. 맘만 먹으면 달 정도는 끌고 우리 별까지 갈 수도 있어요. 그렇게 할 일은 없지만요. 아직 지구에는 없는 기술이지만 지구인들도 열심히 연구해 나가면 곧 발명할 수 있을 거예요. 지구인은 머리가 굉장히 똑똑하니까요."

수진이가 손을 번쩍 들었어. 학교에서 뭔가 할 말이 있을 때 손을 번쩍 드는 버릇이 나온 거야. 그걸 모르는 라니가 계속 이야기를 해서 결국 수진이는 라니의 말을 끊어야 했어.

"저기, 잠깐만요. 그렇게 대단한 기술이라면 지구에도 좀 가르쳐 주세요. 아니면 저 쓰레기만이라도 좀 치워 주시면 안 돼요?"

수진이는 우주 쓰레기 문제를 스푸트니크 성인들이 좀 도와줬으면 하는 생각이 들었어. 라니의 별이 지닌 기술력이라면 금방 해결될 것 같았거든. 우주 쓰레기만이 아니라 지구의 많은 문제를 해결해 줄 수 있을지도 몰라.

그런데 그 말을 들은 라니는 난처한 표정을 지었어.

"아, 화천에서 만났던 그분도 그런 말씀을 하셨죠. 하지만, 우리에게는 다른 별의 상황에 관여할 수 없다는 규율이 있어요. 만약에 다른 행성에 우리 기술을 전달하면 언젠가 그 행성이 그 기술을 더 발전시켜서 우리 별을 침략할 수도 있잖아요? 우리는 조용하게 연구만 하는 평화로운 종족이랍니다."

수인이는 '인간도 평화로운 종족이에요.'라고 말하려다 말았어. 역사 시간에 배운 수많은 전쟁 역사가 떠올랐거든. 어쩌면 라니의 말이 틀리지 않을지도 몰라. 다른 행성의 기술을 우리가 어떻게 받아들일지 알 수 없거든.

그러나 수진이의 생각은 달랐어. 라니가 도와주지 않는다면 지구는 우주 쓰레기로 둘러싸인 오염된 행성이 될지도 몰라. 이렇게 우주 쓰레기가 늘어나다가는 어쩌면 지구인들도 라니의 별처럼 다른 별을 찾으러 다녀야 할지 모른다고 생각했어.

"라니, 하지만 아직 많은 지구인은 너무나 착하고 지구는 여전히 아름다운 행성이잖아요. 지구를 도와주면 안 되나요?"

라니는 난처한지 눈이 아래로 쳐졌어. 아빠는 라니와 아이들을 가만히 지켜보다가 입을 열었어.

"얘들아, 라니의 별에 그런 법이 생긴 데는 다 이유가 있을 거야. 그리고 라니는 우리 지구에 온 손님이잖아. 손님한테 뭘 내놓으라고 떼를 쓰는 법이 어디에 있니? 우주 쓰레기 문제라면 우리도 여러 가지 준비를 하고 있으니까 어른들을 좀 믿어 보자."

아이들은 아빠를 돌아봤어. 저 많은 우주 쓰레기 문제를 우리가 직접 해결하려고 한다고? 지구 안에 넘쳐나는 쓰레기도 해결하지 못하면서?

아이들 눈에 담긴 불신을 아빠도 알아챘나 봐. 아빠는 머쓱해졌어. 그런 아빠를 응원이라도 하듯이 수수는 연신 꼬리를 흔들었어.

엄마는 수진이와 수인이를 불러 창밖을 보았어. 다시 우주선은 지구에서 조금씩 멀어지고 있었지. 우주 쓰레기는 어느덧 잘 보이지 않게 됐어. 아름다운 지구만 화면에 가득했지.

라니가 풀죽은 아빠를 격려하듯이 말했어.

"맞아요. 인간들도 뭔가 해결하려고 노력하고 있는 것 같아요. 가끔 이런저런 시도를 하는 모습이 보이더라고요."

"시도라고요?"

"몇 년 전 우주 정거장 근처를 둘러보고 있었는데요. 조그마한 위성 하나가 그물을 발사하더니 풍선처럼 부푼 위성 하나를 포획하더라고요. 무슨 일인가 싶었는데, 그게 바로 우주 쓰레기를 수거하는 실험이었어요."

라니의 말에 아빠는 다시 힘을 얻은 얼굴로 말했어.

"맞아요. 그게 바로 2018년 영국 서리대 우주 센터가 한 실험이에요. 그 밖에도 우주 쓰레기를 해결하기 위한 다양한 연구가 지구에서 펼쳐지고 있어요. 스푸트니크별의 견인 광선처럼 좋은 기술을 당장 만들지는 못하더라도 지구인은 지구인 나름대로 좋은 해결책을 찾아낼 거예요."

아빠의 말을 듣고 과학에 관심이 많은 수인이의 눈이 반짝였어. 수인이는 어떤 방법으로 저 우주 쓰레기들을 치울 수 있을지가 몹시 궁금해졌어. 엄마는 수인이의 호기심 가득한 눈빛을 금세 알아챘어. 수인이의 호기심 안테나는 엄마가 가장 잘 알아보니까.

"음, 지구에서 우주 쓰레기를 해결하기 위해서 어떤 연구를 하고 있는지 엄마가 알고 있는 것만이라도 알려 줄게. 자세한 것은 지구로 돌아가면 수인이가 직접 찾아보기로 해. 알았지?"

"네! 알았어요."

수인이는 씩씩하게 대답했어. 궁금한 것을 당장에 알 수 있다는 생각에 즐거워졌지.

수진이는 별로 관심이 없는지 수수랑 같이 우주선 안을 뛰어다니며 놀기 시작했어. 화면 속 지구는 조금씩 작아졌어. 라니는 또다시 밖으로 나갔고 아빠도 라니 뒤를 따라 나갔어.

엄마는 가방에서 태블릿 PC를 꺼내서 어떤 자료를 찾았어. 그리고 수인이에게 하나하나 화면을 보여 주며 말했어.

"먼저 독일 이야기를 해 볼까? 독일은 작은 로봇 팔로 우주 쓰레기를 잡는 기술을 개발했어. 1999년 이미 우주에서 2.5톤짜리 청소 위성으로 0.4톤의 물체를 잡는 데 성공했다고 해. 또 유럽에 유명한 항공 우주 기업 중에 '에어버스'라고 있는데 거기서는 이런 청소 계획을 세웠대. 우주 쓰레기를 추적해서 그물로 포획해서 없애 버리는 거지. 실제로 시험을 계획했다는데?"

"우아, 정말요? 음. 일본이나 미국은요? 우주 공학으로 유명한 나라로 꼽힌다던데요?"

"아! 여기 있네. 일본은 우주 항공 연구 개발 기구(JAXA)에서 망가진 위성에다가 전기가 흐르는 전선을 걸겠다고 했어. 이건 아마 전자기 유도 현상을 이용해서 위성의 속도를 줄이려는 의도 같아. 위성의 속도가 줄어들면 중력 때문에 지구로 떨어지니까 그걸 이용해서 위성을 대기권에서 불에 타서 없어지도록 하려는 거야."

"아, 그런 방법도 있네요!"

수인이는 엄마의 패드를 들여다보았어. 우주 쓰레기를 없애려는 다양한 시도와 아이디어가 무척 재미있게 느껴졌어. 엄마는 패드를 슥슥 넘겨서 자료를 살폈어.

"아, 여기 재미있는 게 있네. 미국 국립 항공 우주국(NASA)은 투석기를 이용할 계획을 세웠었네. 위성을 이용하는 거긴 한데 독일처럼 로봇 팔이 아니라, 위성 양쪽에 바가지 같은 걸 붙여서 회전하면서 바가지 안에 쓰레기를 넣는 거지. 그런 다음에 지구 쪽으로 휙 집어 던지면 이것들이 대기권에서 불타서 없어진다는 거야. 이 야구 글러브 같은 방법은 여러 번 사용할 수 있는 게 장점이네. 물론 아직은 아이디어 단계인가 봐."

　수인이는 각 나라의 과학자들이 낸 우주 쓰레기 청소 아이디어를 들으며 연신 감탄했어. 엄마는 그런 수인이를 보면서 빙긋 웃었어.

"수인이 너도 아이디어가 굉장히 많잖아. 앞으로 계속 관심을 가지고 지켜보면 엄마가 이야기한 것들보다 훨씬 멋진 아이디어를 낼 수 있을 거야."

"정말요?"

수인이는 헤헤 웃으며 머리를 긁적였어. 엄마의 이야기를 들으니 왠지 자신감이 부쩍 오르는 것 같았지. 수진이는 오빠랑 엄마가 다정하게 말하는 모습을 보고 이쪽으로 뛰어왔어.

"뭐야? 뭐야? 왜 나 빼놓고 둘이만 이야기해?"

엄마랑 수인이는 서로 살짝 윙크를 했어. 그때 수진이가 창밖을 보며 소리쳤어.

"엄마! 저거 봐. 달이야."

라니의 우주선은 지구를 떠나서 달로 가는 중이었던 거야. 수진이가 식구들이랑 달나라 여행을 하고 싶다고 소원을 빈 걸 라니가 정말 들었나 봐. 가까이에서 본 달은 정말 멋졌어. 마치 어느 바닷가에서 봤던 돌덩이 같기도 했지. 수진이는 달의 모습을 넋 놓고 바라보았어.

우주선이 점점 달 표면에 다가갔어. 둥근 공 같던 달이 어느 창에 가득 차더니 점점 땅을 확인할 수 있을 정도로 가까워졌어. 그런데 아무도 살지 않는 줄 알았던 달 표면에 깃발이 꽂혀 있는 게 아니겠어?

"어? 저건 뭐지?"

드디어 달 표면에 우주선이 착륙했어. 수진이는 창밖으로 하얀색 깃발 5개가 꽂혀 있는 걸 보았어. 수진이가 궁금해하자 엄마가 말했어.

"와. 저게 바로 미국이 달에 탐사선을 보낼 때마다 꽂아 뒀다던 그 깃발이구나. 그런데 자외선이 강해서인가 색이 다 날아갔네. 마지막에 꽂은 것이 1972년이니까 엄청 오래 버티고 있구나."

엄마의 말을 듣고 수진이는 놀라 입을 떡하니 벌렸어.

"어떻게 40년 전에 꽂아 놓은 깃발이 아직도 있을 수 있어요?"

"달에는 공기가 없어서 바람이 안 부니까."

엄마의 말에 수인이도 유심히 깃발을 바라보았어. 수진이는 눈앞의 깃발을 보면서도 믿을 수가 없었어. 달의 거친 환경과 극한의 온도도 인간이 꽂아 놓은 상징을 쓰러뜨리지는 못했던 거야. 수진이와 수인이는 깃발을 보며 가슴이 막 벅차올랐어.

"수수야. 저거 봐. 저게 인간이 달에 왔었다는 증거래."

수진이는 수수가 앞을 볼 수 있도록 안아 주었어. 어느새 수진이는 우주 쓰레기 같은 건 까맣게 잊어버리고 달나라 여행에 한껏 들떠 있었지. 이제 정말 가족들과 다 함께 달에 발자국을 남길 수 있을지도 몰라.

그런데, 그때 문이 열리면서 아빠가 헐레벌떡 뛰어 들어왔어.

"애들아, 여보! 큰일 났어."

아빠는 숨이 턱까지 차오른 얼굴로 헉헉댔어. 얼굴을 벌겋게 달아올랐고 손은 부들부들 떨리고 있었지.

"여보, 무슨 일이에요. 또 뭔가가 나타난 거예요?"

엄마는 잔뜩 걱정스러운 얼굴로 아빠에게 물었어. 그러자 아빠가 가쁜 숨을 몰아쉬다가 말을 했어.

"애들아, 우리 집에 돌아가기가 힘들어졌어."

"네? 뭐라고요?"

나머지 가족들이 모두 동시에 소리쳤어. 갑자기 집으로 돌아가기 힘들어졌다니. 라니의 우주선에 무슨 문제라도 생긴 걸까? 그때 라니가 문을 열고 들어왔어.

"여러분. 중앙 관제실에서 연락이 와서 가 봤어요. 아버님께서도 우주선을 구경하고 싶다고 하셔서 따라오셨다가 상황을 아셨지요. 원래는 달에 왔다가 지구로 다시 돌아가서 여러분을 모셔다드리려고 했답니다. 그런데…… 그 사이 지구의 사정이 아주 나빠졌어요."

라니는 다시 손에서 빔을 쏴서 화면을 보여 줬어. 화면에는 지구가 다시 나타났어. 그런데 아까와는 어딘가 다른 것 같아.

조금 더 확대해 보니 지구 주변에 있던 우주 쓰레기가 엄청난 속도로 움직이면서 서로 부딪히고 있었어. 부딪혀서 부서지고, 또 부서진 파편들이 또 여기저기로 막 흩어지고 있었지. 아빠는 침통한 목소리로 말했어.

"드디어 케슬러 증후군이 일어난 모양이야. 저 충돌과 폭발이 언제 끝날지 몰라."

수진이와 수인이는 엄마의 손을 꼭 붙들었어. 우주 쓰레기들이 서로 충돌하는 모습은 그냥 보기에도 너무 무서운 모습이었어. 계속 부서지고 폭발하고 사방팔방으로 조각들이 튀었어. 저 사이로는 도저히 우주선이 들어갈 방법이 없을 것 같아.

수진이가 조심스럽게 말했어.

"근데 우리가 아예 집에 못 가는 건 아니잖아요? 저 충돌이 다 끝난 다음에 들어가면 되지 않아요? 우리는 달에서 조금 더 머물러도 괜찮잖아요. 아빠도 휴가 내고 나랑 오빠도 현장 학습이라고 이야기하면 되니까요."

수진이는 나름대로 솔깃한 대안이라고 생각했어. 저 사태가 언젠가는 잠잠해질 테니까 수진이 말도 일리는 있어 보였어. 그런데 아빠가 고개를 저으면서 이야기를 했어.

"저 상황이 끝나면 엄청나게 작은 파편들이 지금보다 훨씬 많이 떠다니게 될 거야. 그러면 우주선이 들어갈 공간을 찾기가 더 힘들어지겠지. 어쩌면 우리는 이렇게 지구 밖에 머물거나 라니를 따라서 스푸트니크별로 가야 할지도 모르겠구나."

아빠는 절망스러운 표정으로 입을 다물었어. 아빠의 말을 들은 수진이는 가슴이 철렁 내려 앉았어. 엄마랑 수인이 오빠는 거의 넋이 나간 얼굴이었어. 수진이는 결국 울음이 터져 버렸지. 아무것도 모르는 수수만 왈왈거리며 식구들 사이를 뛰어다녔어.

"아, 안 돼. 집에 가고 싶어요. 다음 주에 건우랑 아빠랑 야구장에 놀러 가기로 했는데."

수진이는 쪼그리고 앉아 눈물을 펑펑 쏟았어. 수수가 와서 수진이 얼굴에 흐르는 눈물을 핥아 주었어. 수진이는 수수를 꼭 껴안았어. 그러자 답답했는지 수수가 낑낑거렸지.

"야. 수진아. 이거 놔."

수인이가 소리를 질렀어. 수진이는 오빠의 고함에 눈을 떴어. 그런데 방금까지는 사방이 하얀 우주선 안이었는데 주변이 어두웠어. 수진이는 얼른 팔을 풀고 자리에서 일어났어. 수수인 줄 알고 꼭 껴안았던 게 알고 보니 수인 오빠의 목이었어. 목이 풀린 오빠는 켁켁 대며

수진이를 노려봤지.

"숨 막혀 죽는 줄 알았네. 야, 이상한 꿈이라도 꾸나 싶어서 깨우려고 했는데, 다짜고짜 목을 끌어안으면 어떡해?"

수인 오빠의 타박에도 수진이는 멍한 얼굴로 주변을 돌아봤어.

"여기는?"

수진이가 일어난 곳은 아까 아빠의 무릎을 베고 누워서 별을 보던 천문대 관측실이었어. 아빠, 엄마는 정답게 기대며 저쪽에서 별을 올려다보고 있었어. 수인이 오빠는 수진이를 째려보고 있었어.

"설마 모두 꿈이었던 거야?"

꿈이라기에는 지나치게 생생했어. 라니가 준 강원도 강냉이의 맛도 아직 혀끝에 남아 있는 것 같았는데 말이야. 수진이는 천천히 일어나서 하늘을 올려다보았어. 수진이 머리 위에 뜬 둥그런 보름달만이 예쁘게 웃어 주고 있었어. 마치 수진이의 신나고 멋진 여행을 알고 있다는 듯이 말이야.

기발한 청소 작전이 시작되다! 우주 쓰레기를 어떻게 치울까?

지구에 있는 모든 나라는 우주 쓰레기 문제에서 자유로울 수 없어. 우리나라도 우주 쓰레기 문제에 뒷짐만 지고 있을 수는 없어. 인공위성도 제법 쏘아 올렸고, 직접 인공위성을 실어서 우주로 쏘아 올릴 수 있는 로켓 발사체를 개발하기도 하니까.

과학 기술 정보 통신부는 2019년 2월에 오스트리아 비엔나에서 열린 제56차 유엔 산하 '외기권 평화적 이용을 위한 위원회(Committee On Peaceful Uses of Outer Space, 이하 COPUOS)' 과학 기술 소위원회에 대표단을 파견했어. 이 회의에서 우리나라도 우주 개발을 위해 여러 가지 노력을 하고 있다고 설명했지.

그렇다면 지금까지 우주 쓰레기를 처리하는 방법으로 어떤 기술이 이야기되고 있을까? 수진이 엄마가 이야기한 기술들 말고도 재미있는 아이디어가 상당히 많아.

우주 쓰레기 청소는 내게 맡겨!
클린스페이스원

스위스 로잔 연방 공대와 스위스 스페이스 시스템은 우주 쓰레기를 청소하는 위성을 개발하려고 하고 있어. 우주에서 자유롭게 둥실둥실 떠다니다가 우주 쓰레기를 발견하면 근처로 가서 포획하는 기술이야. 이 기술은 지금 시험 중이라고 해. '클린스페이스원(Clean Space One)'이라고 불리며, 위성에 달린 로봇 팔로 쓰레기를 붙잡아서 함께 지구로 떨어지는 방법이지. 그렇

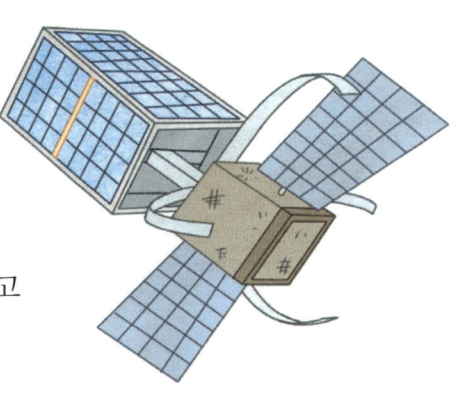

★ 더욱 자세한 정보는 https://clearspace.today에서 확인할 수 있어.

게 떨어지다 대기권에 다다르면 청소 위성과 우주 쓰레기는 함께 불타 사라지게 되는 거야. 아주 간단한 방법이기도 해서 가장 활발하게 연구되고 있어. 하지만 일회용이라 비싼 게 흠이야.

쓰레기를 낚는 우주 그물과 작살이 있다고?
리무브데브리스

우주 쓰레기에 가까이 가지 않고 멀리서 쓰레기를 처리하는 방법도 연구하고 있어. 2014년 유럽 우주 기구(ESA)가 제안한 방법 중에 극세사로 된 그물을 던져서 쓰레기를 잡는 방법이 대표적이야. 2013년에 고장 난 대형 위성 엔비셋을 수거하기 위해서 생각한 방법이라고 해. 이 그물의 크기는 지름 10미터에 무게가 무려 8톤에 달해. 엄청나게 거대해서 대형 위성인 엔비셋도 잡을 수 있나 봐.

물속에서 물고기를 잡을 때 사용하는 작살 같은 방식도 연구하고 있어. 거리가 20미터 떨어진 우주 쓰레기를 잡을 수 있는 기술이지. 고분자 소재의 작살을 장착한 위성을 우주 쓰레기 근처로 보낸 후에 쓰레기를 향해 작살을 쏘아서 낚은 쓰레기를 회수하는 거지. 그런데

이 방식은 자칫 무기로 사용될 수도 있어서 조심해야만 해.

2019년에는 작살과 그물을 모두 써서 우주 쓰레기를 처리하는 실험을 진행했어. 일명 '리무브데브리스(Remove DEBRIS)'라는 프로젝트야. 유럽 연합(EU)이 공동 출자하고, 영국의 서리대 우주 센터가 개발한 청소 위성의 이름에서 따왔어.

2019년 실제로 이러한 기능을 장착한 청소 위성이 우주로 발사됐어. 이 위성은 레이더로 우주 쓰레기를 추적하고 그물과 작살로 우주 쓰레기를 포획한 후에 대기권까지 끌고 와서 쓰레기를 태우는 것이 숙제였어. 현재 세 번의 실험까지 성공적으로 마쳤어.

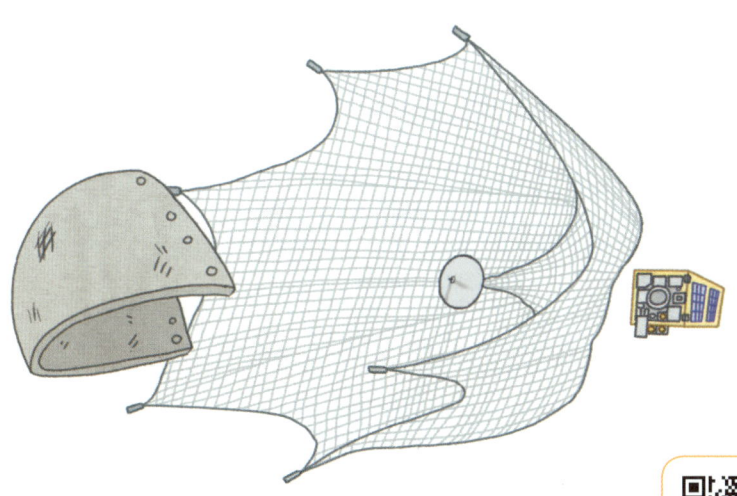

★ 더욱 자세한 정보는 에어버스 홈페이지(https://www.airbus.com/space/space-infrastructures/removedebris.html)에서 확인할 수 있어.

우주 레이저로 쓰레기를 처리한다?
레이저 대포

레이저를 쏘아서 우주 쓰레기를 조각내는 아이디어도 있어. 그러나 우주 작살처럼 무기로 사용될 여지가 있어서 개발이 미뤄지고 있어. 우주 쓰레기가 아닌 우주에 있는 위성이나 지상에 있는 목표물도 요격할 가능성이 있으니까 이 기술을 개발하기가 두려운 거지.

이처럼 지구에서도 우주 쓰레기를 처리할 다양한 방법을 연구하고 있어. 어떤 방법이든지 우주 쓰레기에 대한 대처 방안은 우주 개발과 함께 고민해야 할 중요한 문제야.

지구 밖에 인류의 새로운 보금자리를 만들다
테라포밍

외계인 라니는 자기 별에서 우주 쓰레기를 해결하는 방법을 이야기하면서 다른 별로 이주하는 것도 고려하고 있다고 말했어. 그렇다면 우리 지구인은 어떨까? '다른 행성으로 옮겨 가는 것'은 영화에나 나오는 허무맹랑한 이야기일까? 놀랍게도 우리 지구인들 역시 그런 상상을 시도해 오고 있었어.

우주에서 다른 별을 찾아서 지구처럼 생물이 살 수 있는 환경과 생태계를 만드는 것. 우리는 그것을 '테라포밍(Terraforming)'이라고 해. 지구와 가장 가까운 별이 환경도 가장 비슷할 거라고 생각하고 테라포밍을 할 후보로 주로

★화성의 테라포밍 과정을 네 단계에 걸쳐 보여 주는 상상화야. ⓒDaein Ballard

화성이나 목성의 위성을 이야기하지.

일론 머스크가 CEO로 있는 우주 항공 기업 '스페이스X'는 화성에 지구인들의 새로운 보금자리를 만들고자 세운 회사야. 2002년에 세운 이 회사는 2020년 5월 세계 최초로 민간 유인 우주 왕복선 발사에 성공했어. 그리고 6월 16일에 "달과 화성 여행 등을 위해서 바다 위에 떠 있는 우주선 발사 기지를 건설하는 중"이라고 밝혔지.

일론 머스크가 세운 화성 이주 계획은 상당히 구체적이야. 2015년에는 핵융합 폭탄으로 화성에 인공 태양을 2개 만들어서 인간이 거주할 수 있는 환경을 만들겠다고 했어. 태양이 있어야 온도와 빛이 생기고 생물도 살아갈 수 있으니까. 그리고 2016년 9월에는 화성까지 화물 100톤 또는 인간을 운송할 수 있는 행성 간 운송 시스템을 만들겠다고 발표했어. 초기에는 화성까지 80일 정도 걸릴 걸로 예상했는데 나중에는 이것을 한 달까지 줄이겠다며 의욕을 보였지.

화성 이주 계획의 전초 기지는 달에 세운다고 해. 화성에는 폭발과 같은 재난에 대피할 수 있는 지하 시설부터 개발하고 달에는 지구에서 사람과 물자를 받을 수 있는 정거장을 만들 예정이야. 그리고 달에 위치한 정거장에서 출발한 여러 우주선이 화성에 도착하면 이를 기반으로 이주 도시를 만들어 나가겠다는 계획이야.

2020년 초에 일론 머스크는 트위터에 "2050년까지 화성에 100만 명을 보낼 수 있다."는 트윗을 올렸어. 벌써 행성 간 운송 시스템을 개발 중이야. 사람을 태울 수 있는 신형 우주선 '크루 드래곤'을 2020년 5월에 발사하는 데 성공했어. 2022년까지 화성에 무인 우주선을 발사하고 2024년에는 첫 번째 유인 우주선을 보내겠다는 포부도 밝혔지.

일론 머스크만 이런 꿈을 꾸고 있는 게 아니야. 세계에서 가장 돈이 많기로 세 손가락 안에 꼽히는 아마존의 회장 제프 베이조스 역시 지구 밖으로 진출하는 것에 관심이 많아. 베이조스 회장은 '블루 오리진'이라는 우주 로켓 기업을 세웠어.

이 회사를 통해 달을 지구 중공업의 중심지로 만들겠다는 포부를 밝혔어. 지구 환경을 파괴하는 공장들을 달로 보내서 지구 자원과 생태계를 보존하겠다는 이야기야.

베이조스는 "누구나 우주에 접근할 수 있어야 한다."라고 말했어. 우주를 관광하는 비용을 엄청나

★달 자동차의 모습이야.

게 낮추겠다는 목표를 갖고 있지.

2019년에는 블루 오리진에서 설계한 달 착륙선 모형을 공개했어. 블루문이라는 이름이 붙여진 이 착륙선은 무게만 7톤이야. 달에서 여러 가지 임무를 수행할 수 있는 달 자동차를 최대 4대까지 실어 나를 수 있게 설계됐어.

베이조스가 달 착륙선을 공개하자 미국 마이크 펜스 부통령까지 나서서 "2024년까지 미국 우주인을 달에 보낼 것"이라고 이야기했지. 원래 미국은 2028년에 유인 달 탐사선을 쏘아 올릴 계획이었는데 베이조스 덕에 4년이나 일정이 당겨진 거야.

블루문의 발표장에서 베이조스가 한 말이 무척 인상적이야.

"우리가 해야 할 일은 미래 세대에 이러한 영감을 불어 넣어주는 것이다."

혹 우주 개발에 대해 더 알고 싶다면 다음 사이트에 들어가 봐. 이 책을 쓰면서 도움을 받은 기관들이야. 아래 홈페이지만 들어가 봐도 우주에 대해 많은 것을 배울 수 있을 거야.

★한국천문연구원
https://www.kasi.re.kr

★한국항공우주연구원
https://www.kari.re.kr

★한국아마추어천문학회
http://www.kaas.or.kr

★KAIST 인공위성연구소
http://satrec.kaist.ac.kr

★쎄트렉아이
https://www.satreci.com

★우주환경감시기관
https://www.nssao.or.kr

★한국천문연구원
천문우주지식정보
https://astro.kasi.re.kr

★화천 조경철 천문대
http://www.apollostar.kr

★대한민국과학기술유공자
http://www.koreascientists.kr/scientists

★미국 국립 항공 우주국
http://www.nasa.gov

★일본 우주 항공
연구 개발 기구
https://global.jaxa.jp

★스페이스X
https://www.spacex.com

★블루 오리진
https://www.blueorigin.com

관련 교과 정리

3학년 1학기 과학	5. 지구의 모습
4학년 1학기 과학	6. 지구의 모습
5학년 1학기 과학	3. 태양계와 별
5학년 2학기 과학	4. 물체의 운동
6학년 도덕	6. 함께 살아가는 지구촌

국어, 사회, 과학, 기술, 도덕, 경제까지
교과목 공부가 되고 세상의 눈을 키우는 상식도 쌓아주는
사회과학 동화 시리즈

공부가 되고 상식이 되는! 시리즈 ❶

어린이 생활 속 법 탐험이 시작되다!
신 나는 법 공부!

변호사 선생님이 들려주는
흥미진진한 법 지식과 리걸 마인드 키우기!

장보람 지음, 박선하 그림 | 168면 | 값 11,000원

공부가 되고 상식이 되는! 시리즈 ❷

동화로 보는 착한 소비의 모든 것!
미래를 살리는
착한 소비 이야기

친환경 농산물, 동네 가게와 지역 경제,
대량생산vs동물복지, 저가상품vs공정상품

한화주 지음, 박선하 그림 | 148면 | 값 11,000원

공부가 되고 상식이 되는! 시리즈 ❸

똑똑한 경제 습관과 금융 IQ를 길러 주는
어린이 금융경제 교육
적금은 뭐고 펀드는 뭐야?

동화로 보는 어린이 금융경제 교육의 모든 것!

김경선 지음, 박선하 그림 | 120면 | 값 11,000원

공부가 되고 상식이 되는! 시리즈 ❹

우리가 소셜 미디어를 하면서
반드시 알고 지켜야 할 것들의 모든 것!
미래를 이끄는 어린이를 위한
소셜 미디어 이야기

1인 미디어, 실시간 정보검색, 온라인 인간관
계 길잡이, 올바른 SNS 사용규칙

한현주 지음, 박선하 그림 | 152면 | 값 11,000원

국어, 사회, 과학, 기술, 도덕, 경제까지
교과목 공부가 되고 세상의 눈을 키우는 상식도 쌓아주는
사회과학 동화 시리즈

공부가 되고 상식이 되는! 시리즈 ❺

동화로 보는 SW교육, 사물인터넷, 인공지능 로봇,
로봇 세상의 생활과 진로!

어린이를 위한
인공지능과 4차 산업혁명 이야기

과학 기술과 데이터, 로봇과 공존하는
인공지능 시대를 살아갈 어린이 친구들을 위한
과학 동화

김상현 지음, 박선하 그림 | 163면 | 값 12,000원

공부가 되고 상식이 되는! 시리즈 ❻

동화로 보는 '4차 산업혁명 시대'에 따뜻한 기술이
가져오는 행복한 미래와 재미난 공학

어린이를 위한
따뜻한 과학, 적정 기술

어린이를 위한 "따뜻한 기술과 윤리적인 과학"
에 대한 흥미롭고도 실천적인 이야기!

이아연 지음, 박선하 그림 | 160면 | 값 12,000원

공부가 되고 상식이 되는! 시리즈 ❼

포장 쓰레기의 여정으로 살피는
소비, 환경, 디자인, 새활용, 따뜻한 미래 이야기

미래를 위한 따뜻한 실천,
업사이클링

버려진 물건에게 새 삶을 주는
따뜻한 실천에 대한 흥미진진한 이야기!

박선희 지음, 박선하 그림, 강병길 감수 | 144면 | 값 12,000원

공부가 되고 상식이 되는! 시리즈 ❽

동화로 보는 동물학대와 유기, 대규모 축산농장,
동물실험, 동물원에 대한 불편한 진실

어린이를 위한
동물 복지 이야기

동물과 함께 행복해지기 위한 윤리적인 선택,
그에 대한 흥미롭고도 실천적인 이야기!

한화주 지음, 박선하 그림 | 166면 | 값 12,000원

국어, 사회, 과학, 기술, 도덕, 경제까지
교과목 공부가 되고 세상의 눈을 키우는 상식도 쌓아주는
사회과학 동화 시리즈

공부가 되고 상식이 되는! 시리즈 ❾

동화로 보는 신재생에너지, 에너지 불평등과 자립,
에너지 공학자, 에너지 과학 기술

지구와 생명을 지키는 미래 에너지 이야기

"행복하고 안전한 미래를 맞이하려면
에너지 문제를 반드시 해결해야 해요!"

정유리 지음, 박선하 그림 | 162면 | 값 12,000원

공부가 되고 상식이 되는! 시리즈 ❿

동화로 보는 '미세먼지'를 둘러싼 환경, 건강,
나라, 경제, 과학 이야기

생명을 위협하는 공기 쓰레기, 미세먼지 이야기

"왜 미세먼지는 나아지지 않고
점점 심해지는 걸까?"

박선희 지음, 박선하 그림 | 160면 | 값 12,000원

공부가 되고 상식이 되는! 시리즈 ⓫

사라지는 일, 생겨나는 일!
미래 일자리의 변화와 기술, 직업 가치를
생생하게 알려 주는 과학 인문 동화

어린이를 위한 4차 산업혁명 직업 탐험대

"달라진 일의 미래, 나는 어떤 일을 하게 될까?"

김상현 지음, 박선하 그림 | 167면 | 값 12,000원

공부가 되고 상식이 되는! 시리즈 ⓬

동화로 보는 미디어 속 가짜 뉴스에 담긴
불편한 진실과 미디어 리터러시 교육!

어린이가 알아야 할 가짜 뉴스와 미디어 리터러시

"뉴스는 무조건 믿어도 되는 걸까요?"

채화영 지음, 박선하 그림 | 144면 | 값 12,000원

국어, 사회, 과학, 기술, 도덕, 경제까지
교과목 공부가 되고 세상의 눈을 키우는 상식도 쌓아주는
사회과학 동화 시리즈

공부가 되고 상식이 되는! 시리즈 ⑬

동화로 보는 해양 쓰레기, 미세 플라스틱, 남획,
바다 산성화, 뜨거운 바다, 그리고 분쟁의 바다

지구가 보내는 위험한 신호, 아픈 바다 이야기

"지속 가능한 바다를 위해
우리는 어떤 일을 할 수 있을까?"

박선희 지음, 박선하 그림 | 161면 | 값 12,000원

공부가 되고 상식이 되는! 시리즈 ⑭

빅데이터, 데이터 마이닝, 데이터 과학자와 데이터
윤리까지! 동화로 살펴보는 빅데이터의 모든 것!

어린이를 위한 미래 과학, 빅데이터 이야기

"이제 분야를 막론하고 미래 세상을 이끌어갈
사람들은 모두 빅데이터를 알아야만 해!"

천윤정 지음, 박선하 그림 | 159면 | 값 12,000원

공부가 되고 상식이 되는! 시리즈 ⑮

이웃과 환경을 생각하고 사회를 밝게 만들어 주는
착한 디자인에 대한 아주 특별한 다섯 이야기!

세상을 따뜻하게 만드는 착한 디자인 이야기

좋은 디자인은 그 자체로
세상을 바꾸는 발명이 된다!

정유리 지음, 박선하 그림 | 155면 | 값 12,000원